中华优秀传统文化系列培训读本

编委会

主　任：党怀兴
副主任：黄怀平　李铁绳　柯西钢　许广玺
　　　　郭建中　刘东风　李国华　葛文双
　　　　雷永利
委　员：杨雪玲　胡　丹　龙卓华　赵菁晶
　　　　冯　俊

陕西师范大学教师干部培训学院立项资助

◆ 中华优秀传统文化系列培训读本 ◆

《大学》精读

丁为祥　孙德仁　编著

陕西师范大学出版总社

图书代号　ZZ22N1783

图书在版编目(CIP)数据

《大学》精读 / 丁为祥,孙德仁编著. —西安：陕西师范大学出版总社有限公司,2023.6
ISBN 978-7-5695-3096-4

Ⅰ.①大… Ⅱ.①丁… ②孙… Ⅲ.①《大学》—研究 Ⅳ.①B222.15

中国版本图书馆 CIP 数据核字(2022)第 139704 号

《大学》精读
《DAXUE》JINGDU

丁为祥　孙德仁　编著

责任编辑	邱水鱼
责任校对	杨雪玲
封面设计	金定华
出版发行	陕西师范大学出版总社
	(西安市长安南路199号　邮编 710062)
网　　址	http://www.snupg.com
印　　刷	陕西日报印务有限公司
开　　本	720 mm×1020 mm　1/16
印　　张	11.75
字　　数	245 千
版　　次	2023 年 6 月第 1 版
印　　次	2023 年 6 月第 1 次印刷
书　　号	ISBN 978-7-5695-3096-4
定　　价	55.00 元

读者购书、书店添货或发现印刷装订问题,请与本社高等教育出版中心联系。
电　　话：(029)85307864　85303622(传真)

总　序

陕西师范大学教师干部培训学院策划立项的"中华优秀传统文化系列培训读本"付梓出版，这是一件值得庆贺的大喜事。

首届全民阅读大会2022年4月23日在北京开幕。中共中央总书记、国家主席、中央军委主席习近平发来贺信，指出："阅读是人类获取知识、启智增慧、培养道德的重要途径，可以让人得到思想启发，树立崇高理想，涵养浩然之气。中华民族自古提倡阅读，讲究格物致知、诚意正心，传承中华民族生生不息的精神，塑造中国人民自信自强的品格。希望广大党员、干部带头读书学习，修身养志，增长才干；……希望全社会都参与到阅读中来，形成爱读书、读好书、善读书的浓厚氛围。"

把马克思主义基本原理同中华优秀传统文化相结合，是党的十八大以来以习近平同志为核心的党中央提出的重大命题，是百年来坚持和发展马克思主义的经验总结，是继续推进马克思主义中国化时代化的必由之路。党的二十大报告指出："坚持和发展马克思主义，必须同中华优秀传统文化相结合。只有植根本国、本民族历史文化沃土，马克思主义真理之树才能根深叶茂。"我国有5000多年的文明史，是世界四大文明中唯一一个历史文化没有中断的国家，无数的先贤为我们留下了丰富的传统文化遗产。保护好、传承好、利用好中华优秀传统文化，挖掘其丰富内涵，以利于更好坚定文化自信、凝聚民族精神。

陕西师范大学作为教育部直属的师范类高校，是一所历史悠久、文化积淀深厚的高等学府，在中华传统文化的研究、宣传和教育方面具备强健的实力，建校 79 年来一代又一代的陕师大人，取得了令学界瞩目的丰硕学术成果。譬如 20 世纪 80 年代学校组织承担的国家辞书规划项目《十三经辞典》，编写者用了 28 年时间完成了 15 册 3000 万字的巨著，被学界誉为"千古不朽的事业"，获得教育部人文社科优秀成果二等奖。注意把科研成果转化为教学内容，相关部门与学院组织编写了一系列教材，开设的相关课程获评国家级精品资源共享课、一流本科课程、国家级研究生课程思政课等称号。教师干部教育工作是陕西师范大学承担的一项光荣任务，在教育中夯实教师干部的文化基础，做好教师干部优秀传统文化的培训工作，是长期的神圣使命。干部需要读书，需要读好书。好的中华优秀传统文化读本必须精益求精，让读者满意，从而取得良好的教育效果。为适应中国特色社会主义建设的新形势新任务新要求，教师干部培训学院在学校各级领导的大力支持下，针对教师干部学习和工作的实际需要，总结经验，统一规划，认真论证，精心部署，计划组织我校长期从事传统文化教学与研究的相关学者陆续推出一系列教育培训读本。这套读本涉及《周易》《尚书》《诗经》《春秋左传》《大学》《中庸》《论语》《孟子》《老子》以及"三礼"等中华文化核心经典，引导教育干部学习经典。这既是筑牢陕西师范大学教师干部教育的基础，也是加强教师干部培训品牌建设的重要举措。

"非学无以广才，非志无以成学"，借这套读本出版的东风，希望教师干部要努力成为勤于学习、善于学习的典范，要珍惜光阴、不负韶华，如饥似渴学习，一刻不停提高。要发扬"挤"和"钻"的精神，从经典中汲取智慧和营养。荀子在《劝学》中说："不积跬步，无以至千里；不积小流，无以成江海。"学习非一朝一夕之事，不可能毕其功于一役。我们的教师干部要树立终身学习的观念，养成勤读书善思考的习惯，在阅读中坚定理想信念，在阅读中培育人民情怀，在阅读中涵养道德情操，在阅读中树立文化自信。

"问渠那得清如许？为有源头活水来。"让我们一同努力，为把教师干部教育培训事业推向前进而不懈奋斗。

党怀兴

2023 年 1 月

导　言

　　《大学》是儒家的一部重要经典——《礼记》中的第四十二篇,同时也是朱子所选编的《四书章句集注》中的第一篇,因而,在这近千年的历史中,又是对中国人的精神世界影响最大的一部儒家经典。不过,自《大学》问世以来,人们一直没有弄清其具体的作者,而其被视为经典的思想宗旨也几经变化。从这个角度看,应当说《大学》作为儒家经典的地位非常重要,但是其作为经典之所以形成以及其原初的思想宗旨,包括其地位之提升与演变也许更值得澄清。因为对这一问题的澄清,也许更能促使我们看到中华民族的精神发展史及密切关注现实的优秀传统,当然也包括其所应该注意的精神"短板"问题。

一、《礼记》中的两种"学"——从《学记》到《大学》

　　既然《大学》首见于《礼记》,那么我们这里便从《礼记》说起。

　　《礼记》是对先秦至两汉诸儒著作的一种汇编,有《大戴礼记》与《小戴礼记》两种不同的版本。由于《大戴礼记》今已佚失,所以我们今天看到的就只有《小戴礼记》,而《大学》就属于《小戴礼记》中的第四十二篇。不过,在《小戴礼记》所汇编的四十九篇文献中,论到"学"的就有两篇,一篇为《学记》,一篇则为《大学》。所以,通过这两篇论"学"文献的比较,大略就可以看出它们之间的关系。

　　《学记》是《小戴礼记》中的第十八篇,是一篇很短的论"学"文章。由于《论语》本身就以"学而"开篇,所以仅从《学记》这一标题就可以看出,它显然是承接《论语》而起的,因而就可以说是属于孔门七十子及其后学的作品。所以,《学记》在第一段就明确地提出了"君子如欲化民成俗,其必由学乎"一说,这无疑是对"为学"之根本目标的明确揭示。接着,在反复说明了"学"的重要性后,《学记》又以为学次第的方式谈到了"大学之道":

> 古之教者,家有塾,党有庠,术有序,国有学。比年入学,中年考校。一年视离经辨志,三年视敬业乐群,五年视博习亲师,七年视论学取友,谓之小成。九年知类通达,强立而不反,谓之大成。夫然后足以化民易俗,近者说服而远者怀之,此大学之道也。

显然,这里所谓的"大学之道"还是属于具体的从学与为学之道的。仅从这一点就可以看出,《学记》包括其具体的为学之道,实际上就出自孔门七十子及其后学之手。因为其所论内容还没有脱离具体的"教"与"学",而且是从"教"的角度对"学"提出各种规定、要求和说明。尤其是其"学然后知不足,教然后知困"以及"知不足,然后能自反也;知困,然后能自强也"一说,也确实是对"教"与"学"及其关系的一种精当总结。如果没有长期任教督学的经历,是绝对总结不出这样的"教"与"学"及其关系的。

正因为《学记》的这一特点,所以除"大学之道"外,它还系统地提出了"大学之教""大学之法""大学之礼"等种种说法,表明"大学"这个概念在当时已经成熟并进入大众的话语系列了。除此之外,《学记》还以所谓"先河而后海"之"能近取譬"(《论语·雍也》)的方式谈到了为学之"源"与"委",并明确地说:"此之谓务本。"显然,这一说法也承接《论语·学而》所谓的"君子务本,本立而道生"一说,是对"君子务本"一说在"教"与"学"关系中的具体运用。所以,仅从《学记》的这些特点来看,它不仅为七十子所作,而且可能还是七十子中某位集一生精力对教学活动的总结与概括。

让我们再来看《大学》。《大学》虽然也以"学"命名,但其内容已经远远不同甚或超越《学记》了。这种不同主要表现在如下几个方面:

首先,虽然《大学》也以"大学之道"开篇(这一"大学之道"的说法显然源自或直接承继《学记》),但其内容却远远不同于《学记》。《学记》的"大学之道"主要是在"塾""庠""序""学"之横向展开的基础上专门讨论为学之"一年""三年""五年""七年""九年"的不同要求以及不同的为学任务及其具体情境,所以也就有了"小成""大成"以及"化民成俗""近说远怀"之类的"大学之道";而《大学》是以如下方式展开的:

> 大学之道,在明明德,在亲民,在止于至善。

与《学记》的"大学之道"相比,《大学》所谓的"大学之道"显然已经远远超越了"教"与"学"之具体环节的范围,而与天子、诸侯的治国方略或治国之道连在一起了。当然,其所谓"大学之道"的说法明显源于《学记》,但却是在一个更高维度上与更大范围内展开的,亦即所谓"大学之道"已经不再局限于"教"与"学"之具体环节了,而是与如何明其"明德"、如何"亲民"、如何"止于至善"连在一起了。这说明,《大学》的"大学之道"是在《学记》基础上的进一步发展,明确地把治国方略与治国之道视为"大学之道"的基本内涵及其进一步扩充与完善。如果说《学记》的"大学之道"所展现的仅仅是"教"与"学"的具体关系,那么《大学》的"大学之道"就已经聚焦在如何明其"明德"、如何"亲民"以及如何"止于至善"的关系上了,这无疑属于天子、诸侯治国理政中的基本关系。

也许正因为这一原因,它们讨论的问题也就有所不同。《学记》完全是从"学"之必要性出发的,尽管其"学"的指向是君子之"化民成俗",但其具体的出发点却是还未成学的个体,而《大学》之"学"已经明确地提出"自天子以至于庶人,壹是皆以修身为本"之说了。虽然它们所谓的"学"都没有脱离"庶人"这个基础与出发点,但是当《大学》以"明德""亲民"与"止于至善"作为"大学之道"的基本内涵或为学之根本目标时,这样的"学"及其主体就已经不再仅仅局限于君子所追求之"化民成俗"的范围了。

所以,与《学记》所展现的为学次第——所谓"大学之教""大学之法"不同,《大学》之"学"的内容不再是展现"一年""三年""五年""七年""九年"不同的为学目标,而是在"明德""亲民"与"止于至善"的基础上格、致、诚、正与修、齐、治、平了。前者往往被称为《大学》的"三纲领",而后者则被称为"八条目"。如果对应于《学记》所提出的"一年离经辨志""三年敬业乐群""五年博习亲师""七年论学取友""九年知类通达",那么,《大学》从"三纲领"到"八条目"所展现的则是儒家关于族群乃至整个天下的修齐治平之道;前者所展现的仅仅是儒家君子的一种个体人生之道,而后者所展现的则是儒家关于族群、国家乃至整个天下的人生理想及其内圣外王[①]之道。

[①] 虽然"内圣外王"的提法首见于《庄子·天下》,但这可能只代表着庄子及其后学对于儒家在一种对象观察基础上的概括与定位;而真正践行"内圣外王"之道的人,则对这一概念的自觉接受要晚得多。依笔者所见,"关西夫子"李二曲在《答顾宁人先生》一书中所说的"吾儒之所谓内,内焉为圣,外焉为王,纲常藉以维持,乾坤恃以不毁,又岂可同年而语"(李颙.答顾宁人先生[M]//李颙.二曲集.北京:中华书局,1996:151.)最为精当。

不过,既然同为"大学之道",那么《大学》并没有脱离《学记》的基础,正如作为天子之治国理政的方略并没有脱离其作为个体之自我修养的为学之道一样。这一点是由《大学》所坚持的"自天子以至于庶人,壹是皆以修身为本"的逻辑决定的,同时也可以说是其不同的形成时代之表现。因而,《大学》的"大学之道"不仅建立在《学记》"大学之道"的基础上,而且也是对其"大学之道"在一种更大、更高层面上的扩充与拓展。仅从这个角度看,《大学》晚于《学记》、承继《学记》,包括其"大学之道"的说法直接源于《学记》的关系,也就非常清楚了。

二、关于《大学》的研究及其地位之提升

《大学》虽然初见于《礼记》,但在《礼记》中,《大学》是作为一种不明其著者且不明显表现其时代特征的杂篇碎章出现的。因而,在从汉至唐的历史中,《大学》仅仅是作为诸儒所著之一般文献而存在的,并没有得到汉唐儒学的特别重视。

《大学》之所以受到重视,与中唐以降的古文运动及其领袖韩愈分不开,并且和《中庸》《孟子》一起受到韩愈的推崇。隋唐以降尤其是中唐以后,由于儒、佛、道三教并行,加之中国社会的各种矛盾集中爆发而又积重难返,这就促使有文化情怀的学人不得不在历史文献中寻找解决的良方。正是在这一背景下,《中庸》关于儒家精神的谱系意识、《孟子》关于儒家代代相传的道统意识以及《大学》关于儒家人生理想的修齐治平意识,便一起进入了韩愈的思想视野。于是,一种抗衡佛老之学的儒家"道统"观念便被提出来:

> 传曰:"古之欲明明德于天下者,先治其国;欲治其国者,先齐其家;欲齐其家者,先修其身;欲修其身者,先正其心;欲正其心者,先诚其意。"然则古之所谓正心而诚意者,将以有为也。今也欲治其心,而外天下国家,灭其天常。子焉而不父其父,臣焉而不君其君,民焉而不事其事……

> 斯道也,何道也?曰:斯吾所谓道也,非向所谓老与佛之道也。尧以是传之舜,舜以是传之禹,禹以是传之汤,汤以是传之文、武、周公,周公传之孔子,孔子传之孟轲。轲之死,不得其传焉。[①]

在韩愈所建构的这一儒家的道统谱系中,从横向看,就是通过《大学》所谓的个

---

① 韩愈.原道[M]//韩愈.韩愈全集.上海:上海古籍出版社,1997:122.

体之格、致、诚、正以指向族群、国家乃至天下的修、齐、治、平之人生理想；而从纵向看，则是所谓从尧、舜、禹、汤到文、武、周、孔的一线相传，至于孟子，则是儒家道统谱系的最后一位传人。因而，韩愈试图通过儒家的这一道统观念，以展开对佛老二教的抗衡与批评。

但到了宋代，"北宋五子"以"造道"的精神登上历史舞台，同时也开始了对理学的理论创造。而年龄稍长的邵雍、周敦颐并没有提到《大学》，邵雍是通过《易》与老庄思想的融合开启了理学的人文关怀，周敦颐则是通过《易》与《中庸》的结合以探索儒家的天道本体以及作为君子之标志的理想人格。直到张载，"北宋五子"才真正确立了所谓"以《易》为宗，以《中庸》为体，以孔孟为法"①的思想格局与探索方向。这就开启了儒家以理学为特征的思想创造之路。

张载是"北宋五子"中对《大学》进行研究的先驱，比如在《语录》中，他就曾自述道：

> 某唱此绝学亦辄欲成一次第，但患学者寡少，故贪于学者。今之学者大率为应举坏之，入仕则事官业，无暇及此。由此观之，则吕（大临）范（育）过人远矣。②

而在其与六经、《论语》、《孟子》对话的《经学理窟》中，这种开创学派的意识就演变为对理学所依赖之经典依据的讨论了，他指出：

> 学者信书，且须信《论语》、《孟子》。《诗》、《书》无舛杂。《礼》虽杂出诸儒，亦若无害义处，如《中庸》、《大学》出于圣门，无可疑者。《礼记》则是诸儒杂记，至如礼文不可不信，己之言礼未必胜如诸儒。如有前后所出不同且阙之，《记》有疑义亦且阙之，就有道而正焉。③

> 孟子言水之有本无本者，以况学者有所止也。《大学》之道在止于至善，此是有本也。思天下之善无不自此始，然后定止，于此发源立本。④

上述三条，第一条主要表达了张载开创关学学派并且希望从理论上"成一次第"

---

① 脱脱.张载传[M]//张载.张载集.章锡琛，点校.北京：中华书局，1978：386.
② 张载.张子语录·语录下[M]//张载.张载集.章锡琛，点校.北京：中华书局，1978：329.
③ 张载.经学理窟·义理[M]//张载.张载集.章锡琛，点校.北京：中华书局，1978：277-278.
④ 张载.张子语录·语录下[M]//张载.张载集.章锡琛，点校.北京：中华书局，1978：328-329.

的志向,这无疑是一种明确的学派开创意识。正因为有了这一志向,所以张载从不掩饰自己"患学者寡少,故贪于学者"的希冀——希望多带弟子、多树植后学,但他担心科举制会淹没人才,从而使真正的人才陷入"官业"事务主义和官场实用主义中。第二条则明确从思想内容上断定"《中庸》《大学》出于圣门,无可疑者"。张载的这一断定以及其"前后所出不同且阙之,《记》有疑义亦且阙之""就有道而正"的提法,都明确地表现出了一种较为严肃的学术态度。第三条则明确将"止于至善"规定为《大学》之本,由此出发,《大学》作为儒家学者"发源立本"的地位就得以初步确立了。

在同仁林乐昌先生新近所辑佚、整理的《张子全书》中,我们又可以看到张载对于《大学》的如下论述:

> 致知在格物。格,去也。格去物,则心始虚明,见物可尽,然后极天下之虑而能思善也。致知者,乃为学之大本。夫学之始,亦必先知其一贯之道,其造则固有序也。格物,外物也。外其物则心无蔽,无蔽则虚静,虚静故思虑,精明而知至也。
>
> ……………
>
> 一国一家一身,皆在处其身。能处一身则能处一家,能处一家则能处一国,能处一国则能处天下。心为身本,家为国本,国为天下本。心能运身,苟心所不欲,身能行乎?①

至于与张载"同年"的关学弟子范育,在任崇文校书、监察御史里行而回应宋神宗的召对时,也曾明确地向宋神宗说道:"育请用《大学》诚意、正心以治天下国家,因荐载等数人。"②所有这些都说明,其时《大学》已经成为张载关学及其弟子比较关注的儒家经典文献了。

所以到了二程,《大学》就几乎被提升到儒家为学之第一经典的高度了,在《二程集》中,其对《大学》非常重视,表彰《大学》的"话头"比比皆是。比如:

《大学》乃孔氏遗书,须从此学则不差。③

棣初见先生,问:"初学如何?"曰:"入德之门,无如《大学》。今之学

---

① 张载.礼记说[M]//张载.张子全书.林乐昌,编校.西安:西北大学出版社,2015:403.
② 脱脱,等.列传第六十二·范育[M]//脱脱,等.宋史.北京:中华书局,1985:10050.
③ 程颢,程颐.《河南程氏遗书》卷二上[M]//程颢,程颐.二程集.王孝鱼,点校.北京:中华书局,2004:18.

者,赖有此一篇书存,其他莫如《论》、《孟》。"①

《大学》,孔氏之遗言也。学者由是而学,则不迷于入德之门也。②

大学之道,明德新民不分物我,成德之事也。③

从二程(主要是程颐)的这些论述来看,一部支撑着理学崛起的儒家经典文献似乎已经被确立了。

不仅如此,二程还都有关于《大学》的改本。关于二程对《大学》之不同方向的"改正",笔者在《学术性格与思想谱系》一书中已经有较为详细的比勘与分析,所以这里就直接征引当时的结论以代替具体分析。当然,这里的征引仍然需要以比较的方式呈现二程不同的"改正"方向:

> 二程对《大学》的"改正"固然主要表现为对其原文段落次序的重新调整,但在其不同的调整中,就已经形成了不同的解读重心与不同的诠释方向。比如在大程的"改正"中,他先将《大学》原来置于中间的"《康诰》曰"、"汤之《盘铭》曰"以及"《诗》云"三段文字——即原来的第十二、十三与十四自然段一律上提于总论"三纲领"的"知所先后,则近道矣"之后,然后再依《大学》的原有次序一一展开;小程的"改正"则是先以《大学》的原有次序概述"三纲八目",然后再将大程所上提的三段一律置于"其所厚者薄,而其所薄者厚,未之有也"——即第七自然段之后,从而将大程原来上调的专门用来说明"明明德"的三段文字全部用来说明格物致知,最后再将原来作为第十五段的"子曰"上提为第二段之首,并一起置于格物致知之前。④

在大程对《大学》的"改正"中,由于他将其中所引《诗》、《书》的内容全然用来说明"明明德",因而一方面突出了"明德"的内在性;同时,也正由于对"明明德"的突出,因而以下的内容事实上也就全然集中于"诚意"上了。如此一来,从对"明德"的内在蕴含到对"诚意"之外向扩充也就以突

---

① 程颢,程颐.《河南程氏遗书》卷二十二上[M]//程颢,程颐.二程集.王孝鱼,点校.北京:中华书局,2004:277.

② 程颢,程颐.《程氏粹言》卷一[M]//程颢,程颐.二程集.王孝鱼,点校.北京:中华书局,2004:1204.

③ 程颢,程颐.《程氏粹言》卷一[M]//程颢,程颐.二程集.王孝鱼,点校.北京:中华书局,2004:1204.

④ 丁为祥.学术性格与思想谱系:朱子的哲学视野及其历史影响的发生学考察[M].北京:人民出版社,2012:287-288.

出主体道德实践的方式连成一线了,《大学》由此也就成为一个从自明其明德到扩充其诚意之善的道德实践纲领了。而在小程的"改正"中,由于他将大程原来上调的三段一律置于格物致知说之后,又将第十五段上提于第二部分之首,这就明显地突出了格物致知(说)的地位,从而也就在一定程度上淡化了慎独、诚意的作用;或者说他是将慎独、诚意直接置于格物致知的基础上了。这样一来,《大学》实际上也就成为一个以突出格物穷理或者说是以格物致知为基础的认知性纲领了。①

实际上,二程对于《大学》的"改正"并不止这些。《大学》原来共有二十六个自然段,大程将其合并为八个段落,小程则将其合并为九个段落。如果以古本《大学》的段落次序作为参照系,那么大程的合并次序就是 1 - 2 - 3 - 12 - 13 - 14 - 4 - 5 - 6 - 7 - 8、9、16、17、18、19 - 20 - 21 - 10 - 11 - 15、22 - 23 - 24 - 25、25 - 26,而小程的合并次序则是 1 - 2 - 3 - 4 - 5 - 6 - 7、15 - 8 - 12 - 13 - 14、9、16、17、18、19 - 20 - 21 - 10 - 11 - 23 - 24 - 25、25 - 21 - 22、26。除此之外,他们二人都有将原来段落分开的情形,由此可以看出,二程实际上是将古本《大学》作为表达自己思想体系的资料来运用的。

二程之所以要"改正"《大学》,是怀疑其"有错简",实际上与后来朱子"补传"一样,都觉得古本《大学》不便于其思想发挥。于是到了朱子,《大学》便被提升到了一个前所未有的高度。请看朱子在程颐论述基础上的一系列补充性论证:

> 子程子曰:"《大学》,孔氏之遗书,而初学入德之门也。"于今可见古人为学次第者,独赖此篇之存,而《论》、《孟》次之。学者必由是而学焉,则庶乎其不差矣。②

> 右经一章,盖孔子之言,而曾子述之。其传十章,则曾子之意,而门人记之也。旧本颇有错简,今因程子所定,而更考经文,别为序次如左。③

朱子的这些补充性论证和说明,基本上都是在二程尤其是程颐说法的基础上形成的,但其将《大学》分为经、传两个部分,并将程颐带有猜测性的"孔子之遗言"直接表述为"孔子之言,而曾子述之",包括其所作的《大学章句序》,实际上

---

① 丁为祥.学术性格与思想谱系:朱子的哲学视野及其历史影响的发生学考察[M].北京:人民出版社,2012:288.
② 朱熹.大学章句[M]//朱熹.四书章句集注.北京:中华书局,1983:3.
③ 朱熹.大学章句[M]//朱熹.四书章句集注.北京:中华书局,1983:4.

都是对小程论说的推进。这样一来,一部超越《论语》《孟子》与《中庸》的儒家经典,便被朱子以所谓"孔子之言,而曾子述之"的方式明确地塑造出来了。

三、从今本《大学》到古本《大学》

朱子确实比较喜欢《大学》,这可能与其天性以及始终以师道自任为人生志向分不开。比如1162年,宋孝宗刚登基,即下诏求言,而朱子当时还受学于李延平门下,至于其思想旨趣与精神方向也没有确立以程颐为归的为学方向,但是他依据《大学》的学理向宋孝宗提出了所谓的"圣帝明王之学"。请看其在《壬午应召封事》中所陈述的:

> 臣愚死罪,窃以为圣躬虽未有过失,而帝王之学不可以不熟讲也。朝政虽未有阙疑,而修攘之计不可以不早定也。利害休戚虽不可遍以疏举,然本原之地不可以不加意也……
>
> 是以古者圣帝明王之学,必将格物致知以极夫事物之变,使事物之过乎前者,义理所存,纤维必照,了然乎心目之间,不容毫发之隐,则自然意诚心正,而所以应天下之务者,若数一二,辨黑白也。苟惟不学,与学焉而不主乎此,则内外本末颠倒缪戾,虽有聪明睿智之资,孝友恭俭之德,而智不足以明善,识不足以穷理,终亦无补乎天下之治乱矣。然则人君之学与不学,所学正与不正,在乎方寸之间,而天下国家之治不治,见乎彼者如此其大,所系岂浅浅哉!①

考虑到这是朱子第一次向还没有见过面的皇上提建议,而其首先陈述的就是所谓"圣帝明王之学",因而可以看出其对"学"尤其是《大学》的推崇和看重,其所谓的"古者圣帝明王之学,必将格物致知以极夫事物之变"的说法就直接出自《大学》。这是朱子向宋孝宗表达的第一义。但是,当说到这种"圣帝明王之学"的入手与具体内容时,又不过是"必将格物致知以极夫事物之变,使事物之过乎前者,义理所存,纤维必照,了然乎心目之间,不容毫发之隐,则自然意诚心正,而所以应天下之务者,若数一二,辨黑白也"。显然,这里无论是叙述还是论证,都属于《大学》的内容。因而,这一"封事"就代表着朱子在宋孝宗面前的一个自我亮相,同时也代表着其在宋代社会中的一种自我定位。

---

① 王梓材,冯云濠.《晦翁学案补遗》下[M]//王梓材,冯云濠.宋元学案补遗.北京:中华书局,2012:2732.

所以,在以后的讲学中,朱子就不断地表彰《大学》,比如:

  人之为学,先读《大学》,次读《论语》。《大学》是个大坯模。《大学》譬如买田契,《论语》如田亩阔狭去处,逐段子耕将去。①

  亚夫问《大学》大意。曰:"《大学》是修身治人底规模。如人起屋相似,须先打个地盘。地盘既成,则可举而行之矣。"②

  《大学》是一个腔子,而今却要去填教实著。如他说格物,自家是去格物后,填教实著;如他说诚意,自家须是去诚意后,亦填教实著。③

  学问须以《大学》为先,次《论语》,次《孟子》,次《中庸》。《中庸》工夫密,规模大。④

  某要人先读《大学》,以定其规模;次读《论语》,以立其根本;次读《孟子》,以观其发越;次读《中庸》,以求古人之微妙处。《大学》一篇有等级次第,总作一处,易晓,宜先看。《论语》却实,但言语散见,初看亦难。《孟子》有感激兴发人心处。《中庸》亦难读,看三书后,方宜读之。⑤

显然,这些表达就可以说明朱子为何一定要将《大学》作为其一生影响最大的《四书章句集注》之首。在朱子看来,《大学》不仅代表着"初学入德之门"——"以定其规模",而且代表着人一生为学的基本规模及其追求的最高指向。因而可以说,朱子最看重的儒家经典就是《大学》,所以,直到其临终还在修改《大学》的"诚意"章。⑥ 从这个角度看,也可以说《大学》就是朱子一生精心解读并结合时代需要所诠释出来的儒家经典。

但朱子一生所精心编纂的《四书章句集注》并没有得到皇权的认可,他本人还是在庆元党禁的阴影下去世的。直到宋理宗宝庆三年(1227),即朱子去世近三十年之后,其精心结撰的《四书章句集注》才得到了宋理宗的认可。宋理宗诏曰:"朕观朱熹集注《大学》、《论语》、《孟子》、《中庸》,发挥圣贤蕴奥,有补治道。朕励志奖学,缅怀典刑,可特赠熹太师,追封信国公。"⑦由此,朱子的《四书

---

① 黎靖德.朱子语类[M].王星贤,点校.北京:中华书局,1986:250.
② 黎靖德.朱子语类[M].王星贤,点校.北京:中华书局,1986:250.
③ 黎靖德.朱子语类[M].王星贤,点校.北京:中华书局,1986:251.
④ 黎靖德.朱子语类[M].王星贤,点校.北京:中华书局,1986:249.
⑤ 黎靖德.朱子语类[M].王星贤,点校.北京:中华书局,1986:249.
⑥ 束景南.朱熹年谱长编[M].上海:华东师范大学出版社,2001:1410.
⑦ 脱脱,等.本纪第四十一·理宗一[M]//脱脱,等.宋史.北京:中华书局,1985:151.

章句集注》终于得到了皇家的认可与提倡,而《大学》也成为皇家所认可并加以推行的"四书"之首了。到了元朝,元仁宗于1313年开始以《四书章句集注》取上,这就使得朱子的《四书章句集注》直接成为皇家意志的体现了。在此基础上,明代不仅有以朱子学为基础之《性理大全》的编订,而且整个思想文化界也形成了所谓"此亦一述朱,彼亦一述朱"①的格局。

不过,这种由朱子学一统天下并笼罩整个思想文化界的格局同时也包含着一个巨大的阴影。所以,对于阳明心学的崛起,黄宗羲就曾感叹道:"故无姚江,则古来之学脉绝矣。"②黄宗羲的这一感慨,说明当时确实存在着一个由朱子学一统天下并笼罩整个思想文化界的巨大阴影;他所表彰的姚江之学,其实就是从朱子学的重压和阴影下所冲杀出来的阳明心学。明代社会的这一特点,不仅涉及朱子学,同时也涉及由朱子所诠释、编订的今本《大学》。朱子学与阳明心学的这种关系,恰恰成了阳明心学之所以崛起、成立的时代因缘,而从文献之经典依据的角度看,阳明心学的崛起同时也促进了今本《大学》到古本《大学》的转向。

实际上,王阳明早年完全是按照朱子学所规定的为学路径走的。其早年不仅笃信朱子学,而且完全是以朱子学之经典为经典、以朱子学之路径为路径的。比如,他21岁即"遍求考亭遗书读之",同时按照朱子所谓的"众物必有表里精粗,一草一木,皆涵至理"的教导进行格竹子实践,27岁又按照朱子所谓的"居敬持志,为读书之本;循序致精,为读书之法"的教导进行读书实践,所有这些都说明王阳明完全是依照朱子所诠释的《大学》进路展开对圣贤之学的探索的,但最后却得出了一个"物理吾心,终若判而为二"的结论。③ 于是,这才有了其一生的辞章与佛老的"陷溺",而这些"陷溺"实际上是在圣贤之路走不通的情况下不得不退求其次的表现。直到在"居夷处困"的龙场"大悟格

---

① 黄宗羲.明儒学案·姚江学案[M]//黄宗羲.黄宗羲全集:第13册.杭州:浙江古籍出版社,2012:185.
② 黄宗羲.明儒学案·姚江学案[M]//黄宗羲.黄宗羲全集:第13册.杭州:浙江古籍出版社,2012:185.
③ 关于王阳明的早年经历,请参见钱德洪.《年谱》一[M]//王守仁.王阳明全集.吴光,钱明,董平,等编校.上海:上海古籍出版社,2011:1350.

物致知之旨"后,才有了"始知圣人之道,吾性自足,向之求理于事物者误也"①的"龙场大悟"。

于是,这就不仅有了对朱子学的放弃,同时也有了对朱子学所依赖之儒家经典——所谓今本《大学》的放弃。这一放弃,开启了对古本《大学》的回归及其为学路径的探索。

关于王阳明复归古本《大学》的情形,其"及门莫有先之者"的大弟子徐爱在《传习录》的"序"和"跋"中的描述,最足以说明王阳明当时的精神抉择:

> 先生于《大学》"格物"诸说,悉以旧本为正,盖先儒所谓误本者也。爱始闻而骇,既而疑,已而殚精竭思,参互错综,以质于先生,然后知先生之说若水之寒,若火之热,断断乎百世以俟圣人而不惑者也……②

> 爱因旧说汩没,始闻先生之教,实是骇愕不定,无入头处。其后闻之既久,渐知反身实践,然后始信先生之学为孔门嫡传,舍是皆傍溪小径,断港绝河矣!如说格物是诚意的工夫,明善是诚身的工夫,穷理是尽性的工夫,道问学是尊德性的工夫,博文是约礼的工夫。诸如此类,始皆落落难合,其后思之既久,不觉手舞足蹈。③

由于徐爱常被王阳明以"颜回"视之,因而其对王阳明的理解应当说是极为可信的;而此前徐爱是从朱子学一路走来的,所以其描述王阳明背弃朱子学的原因也就显得极为真切。所谓"先生于《大学》'格物'诸说,悉以旧本为正,盖先儒所谓误本者也",正是就王阳明一以古本《大学》为归的情况而言;"始闻而骇,既而疑,已而殚精竭思,参互错综,以质于先生,然后知先生之说若水之寒,若火之热,断断乎百世以俟圣人而不惑者也",则是徐爱对王阳明新的为学进路的一个从反复思索、叩问直到最后完全信从的过程;"闻之既久,渐知反身实践,然后始信先生之学为孔门嫡传"一说,也就代表着徐爱对王阳明为学进路的真正认可与根本信从。

但这一新的为学进路,又是王阳明一生都在摸索、斟酌,并且是经过反复实

---

① 钱德洪.《年谱》一[M]//王守仁.王阳明全集.吴光,钱明,董平,等编校.上海:上海古籍出版社,2011:1353.
② 王守仁.《语录》一[M]//王守仁.王阳明全集.吴光,钱明,董平,等编校.上海:上海古籍出版社,2011:1.
③ 王守仁.《语录》一[M]//王守仁.王阳明全集.吴光,钱明,董平,等编校.上海:上海古籍出版社,2011:12.

践所证明的。所以,直到南赣时期,即"龙场大悟"十年后,王阳明才刊刻了古本《大学》,并作序云:

> 《大学》之要,诚意而已矣。诚意之功,格物而已矣。诚意之极,止至善而已矣。止至善之则,致知而已矣。正心,复其体也;修身,著其用也。以言乎己,谓之明德;以言乎人,谓之亲民;以言乎天地之间,则备矣。是故至善也者,心之本体也……①

王阳明的这一"序",除了回归古本《大学》,其对于《大学》之格致诚正、修齐治平的关系,实际上是通过宋明理学之体与用、本体与工夫的关系来论述说明的。但最重要的一点在于,他在这一"序"中明确说:"旧本析而圣人之意亡矣。"②这就将其与朱子学的分歧归结到《大学》今古本的分歧上来了。

由此之后,随着阳明心学影响的不断扩大,回归古本《大学》的做法愈益成为学术界的一种主流思潮了。但由于朱子学一直占据着官方正统的地位,所以关于《大学》的今古本之争,实际上也就成为朱子学与阳明心学之分歧在儒家经典依据上的表现了。

四、今古本《大学》之不同时代与不同侧重

宋明理学关于《大学》今古本的分歧,虽然集中表现在朱子学与阳明心学之间,但其之所以形成分歧,又是由《大学》今古本形成之不同时代与研究者之不同侧重决定的。因而,要弄清这一分歧的原委,就必须从无论是主张今本《大学》还是主张古本《大学》之一种共同认可的基本前提出发。也就是说,作为儒家的经典文献,《大学》无疑是希望通过个体之格致诚正以达到家国天下之修齐治平的目的。对于这一目的,无论是主张今本《大学》的程朱理学还是主张古本《大学》的阳明心学都是不能反对的。因为它不仅是儒家的根本目标之所在,同时也代表着儒学的最高指向。

从这一基本前提与根本目标出发,我们所面临的第一个问题就是《大学》可能属于哪个时代。也就是说,《大学》究竟是春秋时代的作品还是战国时代的作品?显然,对于以"礼坏乐崩"为特征并具体表现为"君不君,臣不臣"(《论语·

---

① 王守仁.大学古本序[M]//王守仁.王阳明全集.吴光,钱明,董平,等编校.上海:上海古籍出版社,2011:271.

② 王守仁.大学古本序[M]//王守仁.王阳明全集.吴光,钱明,董平,等编校.上海:上海古籍出版社,2011:271.

颜渊》)的春秋时代来说,当时的儒学根本不可能为自己提出一个通过个体之格致诚正以达到家国天下之修齐治平的目标。也就是说,孔子面对"礼坏乐崩"的现实,只是提出了一个以"仁"为代表的君子人格,并以之守护夏、商、周三代以来的优秀文化传统;而对于以"守约"著称的曾子而言,他甚至不得不再退一步,从而将周公的"礼乐"、孔子的"仁"进一步凝聚并收摄为一种家门之内的"孝",故有了《孝经》。从这一点可以看出,从孔子之"仁"到曾子之"孝",就代表着儒学在春秋时代所守护的传统与精神。

为什么会形成这样的看法呢?这是因为,一般来说,任务的提出与完成任务的历史条件基本上是同时具备的,当一种任务还存在于遥不可及的未来时,人们是不会为自己提出这样一个任务的。所以,作为"受业子思之门人"(《史记·孟子荀卿列传》),也可以视为曾子之三传弟子的孟子就可以说是《大学》能否形成的时代标志与划界标准,孟子的一段自述非常清楚地表明:直到孟子时代,天下统一的趋势还没有出现,不仅没有出现,而且当时战乱频仍的时代格局甚至还每况愈下。比如司马迁在概括孟子的时代格局时说:"当是之时,秦用商君,富国强兵;楚、魏用吴起,战胜弱敌;齐威王、宣王用孙子、田忌之徒,而诸侯东面朝齐。天下方务于合从(纵)连横,以攻伐为贤,而孟轲乃述唐、虞、三代之德,是以所如者不合。"(《史记·孟子荀卿列传》)于是,这才有了孟子如下明确的议论:"夫天未欲平治天下也;如欲平治天下,当今之世,舍我其谁也?吾何为不豫哉?"(《孟子·公孙丑下》)很明显,仅从孟子所谓"平治天下"的断言本身是以"豫"的方式提出的就可以清楚地看出,即使到了孟子时代,也没有出现所谓"平治天下"的可能与迹象,因而也就根本不会提出一个从个体之格致诚正到家国天下之修齐治平的纲领。

从这一划界标准来看,那么主张今本的程朱关于《大学》是所谓"孔氏遗书""孔子之言",包括所谓"曾子述之"之类关于《大学》作者的种种猜测,实际上都是缺乏历史根据的说法。虽然我们完全可以理解程朱这样猜测的目的主要在于提升《大学》作为儒家经典的神圣地位,但经典必须是在它所可能形成的时代背景下才得以形成的,而绝不能超越它所处的时代。同样,从这一标准出发,阳明心学关于《大学》之所谓体与用、本体与工夫之类的解读思路也是不可取的。因为解读时同样不能超越解读者本人所处的时代(这一点也许更难做到),但对于以客观性理解为指向的解读而言,则又必须尽可能地向文本的客观性靠拢,而不能从自己的时代视角来解读另一时代的文献;否则的话,难免会陷入所谓师心自用的陷阱。

从这些情况来看,《大学》显然不可能产生于孟子之前(包括孟子时代①),那就只能是孟子以后的产物了。既然是后孟子时代的产物,那么其是否出自秦汉儒者之手呢?这同样是不可能的。从秦汉之际的儒者陆贾、伏生(此二人都属于前秦博士)、叔孙通一直到贾谊、董仲舒、公孙弘来看,秦汉时代的儒者缺乏这样的担当精神;而秦统一之后,其在焚书坑儒的基础上所形成的"以吏为师"的基本国策及其所营造的文化氛围,从根本上限制了儒家构思天下统一之策。而在当时逃避征伐战乱之不暇(比如伏生)的条件下,就是孟子本人也不可能构思出一个儒家关于家国天下之修齐治平的纲领。

那么在这种条件下,《大学》究竟是何人所作,属于谁,从而又"诉求"于谁呢?这就成为其文本之客观性解读所要澄清的第二个问题了。

从《大学》所体现的时代背景来看,其只能是战国即将走向终结的产物和表现,而且是明确写给那个能够担当统一天下之任务的诸侯王的,其具体表现也就在于《大学》的一个基本甚或底线性的要求:"自天子以至于庶人,壹是皆以修身为本。"至于所谓"为人君,止于仁;为人臣,止于敬;为人子,止于孝;为人父,止于慈",可以说是一种具有普遍适应性的社会人伦要求。所以,如果说经过商鞅变法,当时的秦王朝已经表现出了某种以法家之"耕战"国策来统一天下的趋势,那么与之相应而且其立场根本对立的《大学》,也就只能出自孟子一系的后学了。因为面对秦王朝武力征服的虎狼之师,《大学》的作者必然要立足于儒家的人本立场与仁道原则,从而就针锋相对地提出了一条儒家的统一路线。② 而这一点恰恰就表现在作为《大学》之开篇的"三纲领"上:

> 大学之道,在明明德,在亲民,在止于至善。

"大学之道"的说法,显然直接源自《学记》;而所谓"明明德",则又属于儒家的传统立场,一如《尚书·尧典》所强调的"克明俊德"一样;至于"在亲民"一说,

---

① 司马迁曾概括孟子时代的形势:"当是之时,秦用商君,富国强兵;楚、魏用吴起,战胜弱敌;齐威王、宣王用孙子、田忌之徒,而诸侯东面朝齐。天下方务于合从(纵)连横,以攻伐为贤,而孟轲乃述唐、虞、三代之德,是以所如者不合。退而与万章之徒序《诗》、《书》,述仲尼之意,作《孟子》七篇。"(《史记·孟子荀卿列传》)因而可以说,《孟子》七篇本身就是其"平治天下"之"豫"无所用于其时代的表现与证明。

② 请看《大学》对于天下统一路线的呼吁:"自天子以至于庶人,壹是皆以修身为本",这代表儒家提出了一条以"德治""仁政"为基础的统一路线。

也一如《尚书·尧典》所谓的"克明俊德,以亲九族。九族既睦,平章百姓"一样。很明显,其所谓"在亲民"一说,不仅是对"明明德"的落实,而且本身就体现着"天下"之统一者——天子或诸侯对于"至善"的追求,显然,这也就是所谓"大学之道"必须用三个"在"来紧密相连的原因,即从"明明德"到"亲民"再到"止于至善",几乎可以说是一线相连、一理平推与一意贯通的关系。但在当时,能够担当而且有资格完成这种统一任务的必然是当时的诸侯王。自然,这一点就成为《大学》的主要"诉求"了。不过,从实际历史来看,能够真正完成这种统一任务的秦王朝,自商鞅变法起,就已经决定了其"耕战"的基本国策以及武力统一的路径,那么,由"大学之道"所表现出来的"三纲领"就只能产生于先秦,并且必须在"明其明德"的基础上,通过"亲民"政策的"至善"追求来表达其与法家之"耕战"国策的一种针锋相对的设计。自然这也就只能成为儒家历史性失败的一首凄美的挽歌了。

当我们从时代所提出的历史任务与儒家之传统立场及其一贯精神来理解《大学》之所以形成时,那么源自程颐而又成于朱子的今本《大学》的错谬也就非常明显了。而且其错误表现在具体的解读中,至于程朱关于"《大学》乃孔氏遗书"的定位以及其关于《大学》"右经一章,盖孔子之言,而曾子述之。其传十章,则曾子之意,而门人记之也"的划分自然无须再辨,仅从其对"在亲民"一句的理解与诠释,也就可以清楚地看出程朱对《大学》所形成之社会历史背景的不解以及在此基础上的改变或置换。比如,关于《大学》所谓"在明明德"与"在亲民"之说,朱子曾征引程颐的看法并注解说:

> 程子曰:"亲,当作新。"大学者,大人之学也……明德者,人之所得乎天,而虚灵不昧,以具众理而应万事者也。但为气禀所拘,人欲所蔽,则有时而昏,然其本体之明,则有未尝息者。故学者当因其所发而遂明之,以复其初也。新者,革其旧之谓也。言既自明其明德,又当推以及人,使之亦有以去其旧染之污也。①

在朱子的这段注解中,不仅《大学》原本的"在亲民"一说被其强行注解为"新者,革其旧之谓也。言既自明其明德,又当推以及人",而且后面还征引《尚书·康诰》的"作新民"一说来证明自己的新说,从而认为"作新民"就是"鼓之舞之

---

① 朱熹.大学章句[M]//朱熹.四书章句集注.北京:中华书局,1983:3.

之谓作,言振起其自新之民也"①。这可以说是一种强行起解或强行作注,或者说程朱的今本《大学》不仅改变了《大学》所形成的时代背景,而且也改变了其所"诉求"的对象,使其从担当天下之统一任务的诸侯王变成宋代的青年学子了。② 但这一改变同时又包含着程朱之今本《大学》对于中国思想文化的巨大贡献。

五、不同的解读侧重与不同的诠释视角

当笔者认为程朱的今本《大学》并不符合《大学》所形成的时代时,就意味着程朱理学对《大学》的解读并不属于较为纯粹的客观性解读,而今本《大学》也不足以理解作为儒家经典之古本《大学》的原有含义。不过虽然如此,但并不代表其诠释就无意义。恰恰相反,其诠释虽然不符合《大学》所形成之战国时代的思想文化背景,但却正好适应了中国两宋以后的时代,尤其是适应了其思想文化发展之现实需要;而朱子之所以将《大学》定为"四书"之首,也恰恰是因为其适应了宋代以后中国社会发展的现实需要。

那么,究竟应当如何解释这种现象呢? 实际上,这是因为程颐、朱子以自己所处的宋代社会现实置换了《大学》本身所形成的社会历史条件与思想文化背景,从而就以宋代的社会现实之所需诠释了古本《大学》所提供的思想文化资源。于是,这就形成了其诠释对于《大学》之社会历史背景及其"诉求"对象一并改变的情况。

为什么这样说呢? 从时代背景及其社会历史条件来看,赵宋政权一开始就以"偃武修文"的基本国策决定了其"文治社会"的发展方向,正是在这一基本国策的影响下,才有了所谓"庆历之际,学统四起"③的格局;而当时遍及全国的各种地方学派,则可以说是赵宋政权"偃武修文"之基本国策的结果,或者也可

---

① 朱熹.大学章句[M]//朱熹.四书章句集注.北京:中华书局,1983:5.
② 对于朱子的强行起解作注,朱门弟子实际上看得很清楚。比如,在《朱子语类》卷十四关于《大学》的讨论中,其弟子几乎全部围绕"明明德"与"止于至善"展开;即使提到"新民",也往往是与"明明德"或"止于至善"合起来讨论的。这就说明,朱门弟子实际上早已在非常自觉地回避朱子"在亲民"与"作新民"之间的错谬了。(参见黎靖德.朱子语类[M].王星贤,点校.北京:中华书局,1986:261-281.)
③ 全祖望.宋元学案·序录[M]//黄宗羲.黄宗羲全集:第3册.杭州:浙江古籍出版社,2012:8.

以理解为思想文化界对于赵宋政权尊重知识、尊重文化的直接回应或回报。"文治社会"的作用无疑是十分巨大的,其作用也是多方面的,但是当金人的铁骑践踏北国的山水时,就只能导致大量的"衣冠"开始"南迁"了,而激增的士人与繁荣的思想文化则对这种现象起了一种"加速度"的作用。就是说,只有宋代的"文治社会"及其所形成的思想文化之繁荣与发展格局,才会形成所谓的"衣冠南迁"现象(实际上,只有文化人才会自觉地拒绝金人的野蛮统治);而"衣冠南迁"对于南宋社会之于文化知识的需求而言,则又起到一种所谓"加速度"的作用。这种情形,就像越拥有知识就越会发现自己的"无知",从而也就更需要知识一样,越拥有文化,就越会重视对于文化的学习。所以,当朱子还在李延平门下时,就已经开始了对《论语要义》《论语训蒙口义》《延平答问》的编订,因为当时朱子已经看到了南宋社会巨大的知识需求以及文化人对于知识追求之指数级的增长趋势。在这种条件下,原本作为先秦原典的《大学》,仅这一命名本身就足以促使那些以师道自任的儒者将其视为人生为学的一种最高教典了。至于作为"明明德"之具体落实的"在亲民"一说,自然也就会被这样的社会历史条件"强行"地变为"作新民"了;而《尚书·康诰》所谓的"作新民"一说,也就完全可以被朱子用来说明其"振起其自新之民也"一说了。显然,《大学》原典及其原意的这一改变,从朱子个人的角度看,完全可以说是由其强烈的现实关怀所促成的,大概朱子也希望以儒家原典之所谓"作新民"的精神来警诫青年学子之"为气禀所拘,人欲所蔽,则有时而昏……新者,革其旧之谓也。言既自明其明德,又当推以及人,使之亦有以去其旧染之污也"。

不仅如此,朱子还对自己的这一"改正"作出了一个非常重要的"弥补",这就是将《大学》作为《小学》之一种合乎逻辑的深化与发展。所以,当他讨论《小学》时,就已经将《小学》视为其所"改正"之《大学》的必要前提与基础了。请看朱子对于二者关系的论述:

> 小学是直理会那事,大学是穷究那理,因甚恁地。
> 小学者,学其事;大学者,学其小学所学之事之所以。
> 小学是事,如事君,事父,事兄,处友等事,只是教他依此规矩做去。大学是发明此事之理。①
> 问:"大学与小学,不是截然为二。小学是学其事,大学是穷其理,以尽

---

① 黎靖德.朱子语类[M].王星贤,点校.北京:中华书局,1986:124-125.

其事否?"

曰:"只是一个事,小学是学事亲,学事长,且直理会那事。大学是就上面委曲详究那理,其所以事亲是如何,所以事长是如何。古人于小学存养已熟,根基已深厚,到大学,只就上面点化出些精彩。"①

这样一来,原本作为先秦原典的《大学》就被朱子"改造"成为适应宋代社会之急需的教学大纲了;而南宋的青年学子,从发蒙识字到科举应考再到出仕为官,就被朱子从"小学"到"大学"并以所谓"大人之学"的方式统统囊括其中了。所以,朱子曾自我感叹说:"凡传文,杂引经传,若无统纪,然文理接续,血脉贯通,深浅始终,至为精密。"但这一"贯通"与"精密"却只能说是宋代的社会现实为程朱理学所提供的"贯通"与"精密",并不是作为先秦儒家原典之古本《大学》的"贯通"与"精密"。

至于从程颐到朱子对《大学》之"格物致知"的注解,由于基本脱离了先秦——战国至秦汉以攻城略地为能事之战乱频仍的社会现实,因而我们宁愿将其理解为宋代从"小学"之识字发蒙到"大学"之致知穷理的一种转手或"从入之途"。但我们没有必要因此就批评程朱的这一做法,因为对于程颐、朱子这种以师道自任的道学家来说,他们毕竟没有我们今天所拥有的社会学与历史学知识,对他们而言,注解《大学》不过是其道德理想主义精神以约略、仿佛的方式来构筑其理想的社会秩序而已。这样一来,《大学》就成为所有读书识字的士人关于文化思想的启蒙之书了。程朱之今本《大学》对于中国社会最大的贡献,可能就是这一点。

虽然在《大学》今古本问题上阳明心学与程朱理学的选择判然有别,但程朱解读《大学》的不实之病也同样存在于阳明心学中,只不过轻重有所不同而已。比如,当王阳明以宋明理学之体与用、本体与工夫的关系来解读《大学》之格致诚正的关系时,其实也同样脱离了古本《大学》的原有语境(在中国哲学中,这样的理论关系当时还没有也根本不可能总结出来)。再比如,当《大学》提出"自天子以至于庶人,壹是皆以修身为本"时,对于古本《大学》而言,这无疑是一种实实在在的要求,而且其首先是指向诸侯或天子的;但在这一点上,无论是程朱还是王阳明,都把这种要求指向求学的士人个体。当然,在"修身"这一点上,落实于个体无疑是正确的,也是符合儒家的一贯传统的,但改变其原本对上位者

---

① 黎靖德.朱子语类[M].王星贤,点校.北京:中华书局,1986:125.

的要求而专门用来要求在下的求学者,则阳明心学同样未能免俗。这主要是因为明代的专制皇权早已不是士人可以建议乃至批评的对象了。

但阳明心学之所以不同于程朱理学,就在于它保持了对古本的基本尊重。正由于这一尊重,所以王阳明对《大学》"在亲民"一说的理解就更接近其原意。关于这一问题,请看王阳明对徐爱所作的说明:

> "作新民"之"新",是自新之民,与"在新民"之"新"不同,此岂足为据?"作"字却与"亲"字相对,然非"亲"之义。下面"治国平天下"处,皆于"新"字无发明。如云"君子贤其贤而亲其亲,小人乐其乐而利其利","如保赤子","民之所好好之,民之所恶恶之,此之谓民之父母"之类,皆是"亲"字意。"亲民"犹《孟子》"亲亲仁民"之谓,"亲之"即"仁之"也……①

很明显,王阳明的这一解读更接近古本《大学》的原意;即使从一般语法的角度看,"在亲民"也比"作新民"顺畅得多。因而,在偏离并改动原典之固有含义方面,程朱理学比阳明心学走得更远,这也是其必然要承担对于宋明理学解经之脱离客观性批评的根本原因。

除此之外,我们还可以看到程朱误解于前而王阳明以错纠错于后的情形,从而使得两家因为共同的误解而创造出一种新的"学理"之说,这不仅使朱子学与阳明心学真正分途,而且也成为明清以来甚至直到现在学界仍然聚讼不已的问题。这就是著名的"格物说"。"格物"作为《大学》"八条目"之入手,本来应当按照《大学》"物有本末"一说来解,张载所谓"格,去也。格去物,则心始虚明,见物可尽,然后极天下之虑而能思善也"一说也比较接近其原意,意即从超越"物"的角度看,才有"格,去也。格去物,则心始虚明……"。因而在这一点上,无论是朱子还是王阳明,当将"物"作"事"来训解时,应当说都是正确的。但由于从程颐起就已经形成了一种以"穷理"释"格物"的既定看法,同时又明确地提出了一个"穷尽天下之物"②的指向,这样一来,朱子也就不得不将"格物"训解为"格,至也。物,犹事也。穷至事物之理,欲其极处无不到也"③,这就

---

① 王守仁.《语录》一[M]//王守仁.王阳明全集.吴光,钱明,董平,等编校.上海:上海古籍出版社,2011:1-2.
② 程颢,程颐.《河南程氏遗书》卷十五[M]//程颢,程颐.二程集.北京:中华书局,2004:157.
③ 朱熹.大学章句[M]//朱熹.四书章句集注.北京:中华书局,1983:4.

形成了一个典型的指向外在世界的认知路径。王阳明早年的"格竹子",实际上就是按照程朱之外向认知路径进行实践的表现。

本来,按照朱子与王阳明所共同认可之以"事"训"物"的特点,这个作为"事"的"物"就不是纯粹的客观自在之物,而是由人的实践活动所关涉的"事物"。在这一基础上,王阳明自然可以根据"物有本末"一说,以"揣量""权衡"甚至所谓"评估"的方式来解读"格物"。这样一来,所谓"格物"也就可以比喻为"如受人馈送,也有今日当受的,他日不当受的;也有今日不当受的,他日当受的"①。总之,这原本就是一个源于主体之价值理性的当下权衡与当下抉择的问题。但由于程朱已经将"格物"引向对外在世界的认知了,这就不仅减弱、冲淡了其道德抉择的含义而突出了其认知的含义,而且也丢失了主体之权衡、抉择的能力。所以,正是为了纠正这种现象,训"格"为"正"的做法就成为王阳明对于《大学》"格物"说的一种独特训解了。他举例说:

> "格物"如孟子"大人格君心"之"格",是去其心之不正,以全其本体之正。但意念所在,即要去其不正以全其正,即无时无处不是存天理,即是穷理。天理即是"明德",穷理即是"明明德"。②

由此之后,"正其不正以归于正""临事正念头"以及时时处处"正念头"之类的说法,就成为王阳明对于"格物"的一种特殊训解了。如果说程朱对于"格物"的训解确实包含着一种外向认知的路向,那么王阳明所谓"其格物之功,只在身心上做"③的训解与落实,则又明确坚持了一种道德实践的格物说。

至于明清儒者在《大学》今古本上的不同选择及其各种各样的解读,大体上也就不出程朱理学与阳明心学之今古本的范围了。

六、中国思想史研究之"能"与"所"

关于《大学》今古本的分歧及其争论,虽然程朱理学要承受其解经之脱离文本之客观性的批评,但如果就思想影响与贡献而言,则程朱理学同样独领风骚。

---

① 王守仁.《语录》三[M]//王守仁.王阳明全集.吴光,钱明,董平,等编校.上海:上海古籍出版社,2011:116.

② 王守仁.《语录》一[M]//王守仁.王阳明全集.吴光,钱明,董平,等编校.上海:上海古籍出版社,2011:7.

③ 王守仁.《语录》三[M]//王守仁.王阳明全集.吴光,钱明,董平,等编校.上海:上海古籍出版社,2011:135.

这就涉及解读与诠释之不同指向与不同标准问题了。

之所以提出这个问题,就在于笔者试图通过"解读"与"诠释"之间的张力来分析程朱理学与阳明心学关于儒家经典《大学》的不同理解思路,而这种不同理解思路不仅涉及我们如何认知传统、继承传统的问题,而且也涉及传统文化自身的继承与发展问题,这就是如何"解读"与如何"诠释"的关系问题。一般来说,"解读"的指向就是文本本身,而且必须以全面准确地理解文本之客观原有含义作为最高指向(尽管这只是一个理想性的指向);至于"诠释",则主要在于阐发文本中可能具有的含义及其理解的可能性走向,从而为未来的发展澄清方向、指明道路。中国传统文化之所以生生不息,就在其"解读"与"诠释"融为一体的特征。这是中国文化的最大优点,但这一优点同时也包含着古人对"解读"与"诠释"的不分,从而在一定程度上存在着以"诠释"代替"解读"、以文本所包含之可能性含义代替文本客观原有之意的缺点。比如,关于《大学》的作者,从程颐的"孔氏遗书"到朱子的"盖孔子之言,而曾子述之",就明显地存在着一种递加性类推的问题。当然,当程颐、朱子提出这一说法时,他们本来的目的就在于提升《大学》的神圣性,但以这种方式来提升其地位却无异于是以自己的主观愿望来代替对事实的客观性认知,这就存在着一定的以主观诠释代替客观解读之嫌了。当然,同样的情形也存在于阳明心学对于《大学》的解读与诠释中,只不过是程度不同而已。

但对于传统文化研究来说,如果仅仅停留在其客观原有的含义之内,那么所谓的经典研究就只能限于同义反复了。这就表现出"解读"与"诠释"之间还有另一种关系,即经典研究必须既要有"解读"又要有"诠释",而对其进行"解读"与"诠释"的价值就存在于二者之间的张力中,从一定程度上说,二者之间的张力越大,其研究的价值往往也就越高。如果新的诠释完全停留在对经典解读之原意不断重复的基础上,那就了无新意了,而在此基础上的诠释也就失去了其价值与意义。所以,在"解读"与"诠释"之间,应当要有忠实其客观原有含义的一面,但又不仅仅是对其原意的依样画葫芦;虽然二者之间应当有一定的张力,但这个张力不能太大,否则会让人怀疑其研究究竟有没有客观性。

对于这种"进亦忧,退亦忧"的问题,也许歌德的一句名言更能道出其中的关键,这就是"理论是灰色的,而生活之树常青",正是"常青"的"生活之树",才是解开这一症结的关键,而这个关键就表现在所有的诠释之所以必要就在于社会生活与思想文化不断发展变化;正是"生活之树"的发展变化,必然会使原典文献的理论蕴涵本身呈现出不同的面貌,进而显现出不同的价值与意义。程朱理学的今本《大学》之所以能够深深地影响国人近千年的精神世界,其实并不在于它究竟是不是"孔子之言,而曾子述之",而在于它正好发挥着两宋以来青年学子成长的精神阶梯与科举考试之法定教科书的作用,在于它为两宋以降的青年学子从发蒙识字到科举应考再到出仕为官提供了一条龙服务;西学东渐以后,它又成为中西文化交流沟通的桥梁,同时还是培养国人之客观认识与科学认知精神的理论襁褓。所以,虽然程朱的今本《大学》并不忠于古本《大学》之客观原意,但也正因为这一点,它的现实作用以及为现实服务的精神得到了极大的发挥。

但我们也不能因此就否定了王阳明对于古本《大学》的回归及其诠释。与程朱之今本《大学》相比,王阳明"悉以旧本为正"的做法无疑更接近《大学》的原意,其"在亲民"一说也是比较接近古本《大学》之客观原意的理解。但王阳明诠释《大学》的创造性意义并不限于此,而在于其对"慎独"精神的深入发掘。

关于"慎独",《中庸》与《大学》各有如下论述:

> 莫见乎隐,莫显乎微,故君子慎其独也。

> 小人闲居为不善,无所不至,见君子而后厌然,掩其不善,而著其善。人之视己,如见其肺肝然,则何益矣?此谓诚于中,形于外,故君子必慎其独也。

如果对二者稍作比较,那么《大学》对于"慎独"的论述似乎就仅仅是对《中庸》"莫见乎隐,莫显乎微"的一种注解和说明。而对于当时的儒学来说,所谓"慎独"也可以说是儒者自我修养之"诚于中,形于外"的一种基本要求。

但到了阳明心学,所谓"慎独"就成为其心学之自我修养的不二法门了。请看王阳明关于"慎独"的如下论述:

> 无事时,将好色、好货、好名等私,逐一追究搜寻出来,定要拔去病根,永不复起,方始为快。①

> 必欲此心纯乎天理,而无一毫人欲之私,非防于未萌之先,而克于方萌之际不能也。防于未萌之先,而克于方萌之际,此正《中庸》"戒慎恐惧"、

---

① 王守仁.《语录》一[M]//王守仁.王阳明全集.吴光,钱明,董平,等编校.上海:上海古籍出版社,2011:27.

《大学》"格物致知"之功,舍此之外,无别功矣。①

> 一友自叹:"私意萌时,分明自心知得,只是不能使他即去。"先生曰:"你萌时,这一知处便是你的命根。当下即去消磨,便是立命功夫。"②

显然,这都是王阳明自己所用的"慎独"功夫,而其心学也就建立在"慎独"的基础上,所以他才认为,这种临事当下的自察自知,就是一个儒者"立命的功夫"。而王阳明的这种功夫,实际上就是在现实世界中重建了一个人的精神主宰的世界。对于儒者而言,这是一种人生信仰的世界。所以王阳明就有了"无声无臭独知时,此是乾坤万有基"③的诗句。

"解读"与"诠释"之间这种"进亦忧,退亦忧"而又"无过无不及"的关系不禁使笔者想起了王夫之的"能"与"所",而"能"与"所"的关系也就相当于"解读"与"诠释"的关系。请看王夫之的如下论述:

> 境之俟用者曰"所",用之加乎境而有功者曰"能"。"能"、"所"之分,夫固有之,释氏为分授之名,亦非诬也。乃以俟用者为"所",则必实有其体;以用乎俟用而可以有功者为"能",则必实有其用。体俟用,则因"所"以发"能";用,用乎体,则"能"必副其"所"。体用一依其实,不背其故,而名实各相称矣。④

在王夫之的这一"能""所"规定中,所谓"境之俟用者曰'所'",也就相当于传统经典必须有待于我们的"解读"与"诠释"之"用",因为只有通过不断的"解读"与"诠释"才能促使传统精神走向未来;但同时我们所有的"诠释"(这里的诠释还应当包含可以作为诠释之意向的前解读)必须"副其'所'",如果不能"副其'所'",那就成为所谓自造新论了。所以,王夫之的结论就是:一方面,必须"因'所'以发'能'"——所有的"诠释"都必须建立在客观性"解读"的基础上,脱离"所"之能,脱离客观"解读"的"诠释",必然会成为无"所"之"能"。但另

---

① 王守仁.答陆原静书[M]//王守仁.王阳明全集.吴光,钱明,董平,等编校.上海:上海古籍出版社,2011:76.

② 王守仁.《语录》三[M]//王守仁.王阳明全集.吴光,钱明,董平,等编校.上海:上海古籍出版社,2011:140.

③ 王守仁.咏良知四首示诸生[M]//王守仁.王阳明全集.吴光,钱明,董平,等编校.上海:上海古籍出版社,2011:870.

④ 王夫之.尚书引义·召诰无逸[M]//王夫之.船山全书:第2册.长沙:岳麓书社,2011:376.

一方面,作为真正有待于"诠释"的经典与传统之"能",其所谓真正的"所",又必须存在于"能"之不断被"诠释"中,从而真正发挥其"所"的前提与基础作用。这种"能"与"所"之相互制约、相互促进及其动态统一,就是中国传统文化生生不息的表现。

由于王夫之对"能""所"关系的这种统一既建立在佛教"分授之名"的基础上,同时又是以作为儒道两家之共识的体用一源为基本前提的,因而其结论"因'所'以发'能'"与"'能'必副其'所'",也就完全可以代表中国传统的儒、佛、道三教智慧的一种统一与融合。至于这种"能""所"关系之相互制约与相互促进,就代表着中国传统文化生生不息的内在动力。

丁为祥
2022 年 10 月

Contents 目录

第一章 《大学》的作者与成书年代 ············ 1
  一、《大学》在唐宋时期的升格与流变 ············ 1
  二、《大学》的作者及其成书年代 ············ 6
  三、《大学》今古本之争及其影响 ············ 17

第二章 《大学》的篇章结构 ············ 23
  一、宋以前的《大学》(古本《大学》) ············ 23
  二、宋时的《大学》 ············ 25
  三、宋以后的《大学》改本(明清) ············ 35

第三章 《大学》的基本思想 ············ 43
  一、《大学》是说给谁的 ············ 43
  二、《大学》文本的几个关节点 ············ 45
  三、《大学》的思想谱系与精神指向 ············ 48
  四、程颐的"改本"与朱子"补传"的时代意义 ············ 49

第四章 《大学》历代研究 ············ 53
  一、汉唐之际:郑注孔疏 ············ 53
  二、北宋时期:程颢、程颐 ············ 56
  三、南宋时期:朱熹 ············ 60

  四、明代:王阳明 …………………………………………… 65
  五、明清之际:王夫之 ………………………………………… 69

第五章　《大学》古本注译集评　　73

参考文献　　102

附录　　109
  附录一　宋元明清《大学》主要注本目录 ……………………… 109
  附录二　汉郑玄注、唐孔颖达疏 ………………………………… 125
  附录三　河南程氏《大学》注 …………………………………… 140
  附录四　朱熹《大学章句序》 …………………………………… 143
  附录五　王阳明《大学问》 ……………………………………… 144
  附录六　王阳明《大学古本序》 ………………………………… 148
  附录七　王夫之《大学训义》(节选) …………………………… 149

第一章 《大学》的作者与成书年代

《大学》作为儒家经典"四书"之一,为人们所熟知。而"四书"本《大学》是南宋中期以后,朱熹在二程等推崇《论语》《大学》《中庸》《孟子》的基础上,首次将《大学章句》《中庸章句》《论语集注》《孟子集注》合订为《四书章句集注》,自此形成"四书"之名,成为南宋以后理学的纲领性文献。随着理学的兴盛与朱子学的传播,"四书"本《大学》被广泛接受,故又称今本《大学》。与今本《大学》相对应的是古本《大学》,即《大学》作为《礼记》中的一篇传承下来时的原貌。今古本之间的差异蕴含着诸多《大学》的基本问题,主要有以下几个方面:其一,古本《大学》是如何演变成今本《大学》的。其二,古本《大学》的作者及其成书年代辨正。其三,朱子颁订"四书"后今本《大学》广泛流传,为何会在明代出现以王阳明为代表的今古本《大学》之争。这三个问题是把握《大学》历史演变与思想诠释的基础性问题,本章围绕此展开讨论,以期动态地澄清《大学》的作者与成书年代问题。

一、《大学》在唐宋时期的升格与流变

"四书"在南宋乾道、淳熙年间经由朱熹的注释和阐发,成为系统的理学经典体系。相较于其他宋代学者对《大学》的零散训释,朱子从道统授受、思想内容、文本结构、进学顺序、工夫次第等方面,对《大学》进行系统的阐述,并且以《大学》为儒家进德工夫的入门之阶,将其列为"四书"之首。在此基础上,对《大学》的文本结构和诠释方向作出了重大调整,主要集中在以下几个方面:将古本《大学》分为经、传两部分;根据《诗》《书》的内容重新编订次序,形成对三纲八目的解释;对未有"格物""致知"解释的古本《大学》另作补传。如此改动所产生的影响也随之出现,其一,由经、传结构的划分,判定经的部分为孔子所述,传的部分为曾子所述,而门人记之。这就构建出一个源于孔子的道统和学

统,《大学》成为孔、曾、思、孟的道统之书。其二,改"亲民"为"新民"。"新民"是应宋代士大夫阶层兴起提出的价值要求,《大学》文本的时代价值呼之欲出。其三,将工夫次第皆统摄于"格物",使以"格物"为基础的进德工夫成为儒家修齐治平的入手处。所以,古本《大学》经由朱子的改订而进入"四书"时代,并呈现出成熟的经学形态,八百多年来产生了深远的影响。

朱子对《大学》的改订和诠释并非一蹴而就,其中所涉及的问题历经前人讨论而发展至此。在理学崛起以前,《大学》只是《礼记》中的一篇普通文章。两汉时期,《大学》一直未脱离《礼记》而被单独关注或研究。《礼记》的内容来源、形成过程以及编者,至今多有争议而无定论。较为通行的说法是,今本《礼记》即《小戴礼记》四十九篇,为西汉戴圣所编。其与戴德所编的《大戴礼记》八十五篇不同,但二者均出自《汉书·艺文志》所著录的七十子后学所记的关于《礼》的《记》一百三十一篇。《后汉书·桥玄传》及《后汉书·曹褒传》记载,七世祖桥仁及曹褒都曾传授《小戴礼记》。《隋书·经籍志》记载,汉末马融传《小戴礼记》,郑玄受业于马融并注《小戴礼记》。郑玄的《礼记注》在当时影响较大,自此以后,《小戴礼记》逐步取得经的地位,往往只称《礼记》,而不称《小戴礼记》。在《礼记注》中,郑玄对《大学》并未给予特别关注,他将《大学》题解为"《大学》者,以其记博学可以为政也"[1],认为其是一篇政治思想文献,以修身为基础展开内圣外王之道,将其视为解说《礼记》的通论性文章,并未有特殊的关注与解读。换言之,两汉时期还没有脱离《礼记》而独立存在的《大学》。唐代贞观年间,唐太宗诏孔颖达与诸儒撰写《五经义疏》。孔颖达撰《礼记正义》七十卷,宗郑玄之学,使郑注得以流传。在郑注的基础上,孔颖达一方面与郑玄相同,认为《大学》是解说《礼记》的一篇政治思想文献,并未改变原有的文本旨趣方向。另一方面,相较于郑玄注,他更加强调"大学之道"与"在明明德""在亲民""在止于至善"的关系,以此突出《大学》的宗旨。总之,郑玄注与孔颖达疏对《大学》的解读是基于《礼记》的整体思想主旨而言的。

中唐时期,由于《五经正义》的广泛影响,《大学》开始受到一些学者的关注。如权德舆在主持明经考试的《策问》中言:"《大学》有明德之道,《中庸》有尽性之术,阙里宏教,微言在兹。"[2]这意味着《大学》中所显现的儒家思想特质

---

[1] 郑玄,注.孔颖达,疏.礼记正义:下[M].上海:上海古籍出版社,2008:2236.
[2] 权德舆.明经策问七道[M]//董诰.全唐文.北京:中华书局,1983:4940.

已经受到关注,并被单独提及。《大学》真正受到人们的普遍关注,则是从韩愈、李翱对其的阐发开始。他们之所以关注《大学》,主要是想借助《大学》的格致诚正、修齐治平表达儒家道统及其现世关怀,以反对佛教。韩愈借助《大学》建构儒家道统论,他说:"传曰:'古之欲明明德于天下者,先治其国;欲治其国者,先齐其家;欲齐其家者,先修其身;欲修其身者,先正其心;欲正其心者,先诚其意。'然则古之所谓正心而诚意者,将以有为也。……斯吾所谓道也,非向所谓老与佛之道也。尧以是传之舜,舜以是传之禹,禹以是传之汤,汤以是传之文、武、周公,周公传之孔子,孔子传之孟轲。轲之死,不得其传焉。"①韩愈这里所建构的道统意识,实质上是通过《大学》的格致诚正、修齐治平表达儒家修齐治平的现世关怀。这不仅是儒家圣贤所传之道,更是与佛教背弃人伦世教相对立的思想。除此之外,韩愈在《原道》中引《大学》"古之欲明明德于天下者"一段,阐发儒家心性之学与佛教的差异:"古之所谓正心而诚意者,将以有为也。今也欲治其心,而外天下国家,灭其天常。子焉而不父其父,臣焉而不君其君,民焉而不事其事。"②他认为《大学》"正心诚意"与佛教"治心"都指向修养心性,但《大学》所揭示的儒家"正心"是以修身、齐家、治国、平天下为指向的,而佛教的"治心"则是舍弃现世人伦世教关怀,追求心性的清净寂灭。可见,韩愈对《大学》的提倡和重视,是为了阐发其中所蕴含的儒家基本特质,以对抗佛老。在此基础上,李翱将《大学》由身心修养展开的齐家治国平天下之道,融入其复性论中,说明个人的复性即是由内圣而至外王的实现过程。并且从心性论的角度诠释《大学》的"致知在格物":"曰:敢问'致知在格物'何谓也?曰:物者,万物也。格者,来也,至也。物至之时,其心昭昭然明辨焉,而不应于物者,是致知也,是知之至也。知至故意诚,意诚故心正。"③可见,相较于韩愈,李翱更加注重发掘《大学》的心性论意蕴。就其目的而言,与韩愈一样,都是通过阐发《大学》的心性内涵,以期与佛教心性之学相抗衡。韩愈、李翱等学者对《大学》的关注与解读,使得《大学》的地位不仅随着儒家道统意识的自觉而提升,而且作为儒家现世关怀的系统表达而受到重视。由此之后,《大学》在义理方面开始被关注并加以阐发,成为宋代理学及"四书"学崛起的前奏。

---

① 韩愈.原道[M]//韩愈.韩愈全集.上海:上海古籍出版社,1997:122.
② 韩愈.原道[M]//韩愈.韩愈全集.上海:上海古籍出版社,1997:122.
③ 李翱.《复性书》中[M]//李翱.李文公集.上海:上海古籍出版社,1993:9.

北宋天圣八年(1030),仁宗赐进士王拱辰《大学》篇一轴,这是对《大学》脱离《礼记》而单独行世的最早记载。而对《大学》进行单独研究,则始于司马光。司马光曾作《大学广义》,虽然今已佚失,无法见其解读全貌,但在其心性论的表达中可以窥见对"格物致知"等命题的运用。所以,《大学》在其心性论的建构中发挥重要作用的同时,地位也进一步得到提升。而宋代理学家中,最早提及《大学》的当属张载。张载将《论语》《大学》《孟子》《中庸》视为儒家重要典籍,对其地位给予很高的评价。他指出:"学者信书,且须信《论语》、《孟子》。《诗》、《书》无舛杂。《礼》虽杂出诸儒,亦若无害义处,如《中庸》、《大学》出于圣门,无可疑者。《礼记》则是诸儒杂记,至如礼文不可不信,己之言礼未必胜如诸儒。如有前后所出不同且阙之,《记》有疑义亦且阙之。"①在这里,张载不仅认为《大学》出于圣门,还将《大学》《中庸》与《礼记》中的一般文章加以区别,足以见得其对待《大学》的态度并不是全然从《礼记》的角度出发的。张载曾概括《大学》宗旨:"《大学》之道在止于至善,此是有本也。思天下之善无不自此始,然后定止,于此发源立本。"②他认为《大学》的宗旨在"止于至善",而这正是儒家道德善性之本,所以将其视为"发源立本"之论。可见张载对《大学》的重视。

二程对《大学》的改订与诠释,是《大学》上升为经书的关键性环节。二程对《大学》颇为重视,《二程集》中表彰《大学》的语录随处可见,如:"《大学》乃孔氏遗书,须从此学则不差。"③又如:"入德之门,无如《大学》。今之学者,赖有此一篇书存,其他莫如《论》、《孟》。"④二程对《大学》的宗旨和重要性有着一致看法,但对于二程来说,《大学》不仅是儒家重要典籍,而且是其理论建构的重要经典依据。所以,在其依据《大学》表达自己思想的过程中,就形成了两种不同的《大学》改订与诠释方向。两人的诠释分野主要集中在"三纲领"与"八条目"的关系,以及"八条目"自身的格致诚正与修齐治平之间的关系上。二程对《大学》的不同诠释,从其各自的"改本"就可以窥见一斑。《大学》改本始自程颢,

---

① 张载.经学理窟·义理[M]//张载.张载集.章锡琛,点校.北京:中华书局,1978:277.
② 张载.张子语录·语录下[M]//张载.张载集.章锡琛,点校.北京:中华书局,1978:328-329.
③ 程颢,程颐.《河南程氏遗书》卷二上[M]//程颢,程颐.二程集.王孝鱼,点校.北京:中华书局,2004:18.
④ 程颢,程颐.《河南程氏遗书》卷二十二上[M]//程颢,程颐.二程集.王孝鱼,点校.北京:中华书局,2004:277.

程颢最早认为《大学》古本在诚意章有错简，并将古本诚意章中"康诰曰""汤之盘铭曰"以及"诗云"特别提出，放在"三纲领"的"知所先后，则近道矣"之后。如此便形成了以"明德、亲民、止于至善"为纲领，以"格物、致知、诚意、正心、修身、齐家、治国、平天下"为条目，并在三纲领和八条目之后有释文，全篇呈现为三纲—释三纲、八目—释八目的结构。程颢对《大学》文本结构的调整，使得《大学》文本的思想重心也相应地发生了改变。程颢上提的三段内容都是用来说明"明明德"的，由此展开对"诚意"的论述，强调"明德"的内在性。如此一来，《大学》就成为从自明其德到扩充其诚意之善的主体道德修养的实践纲领。可见，程颢的《大学》改本主要突出"明明德"与"诚意"。而程颐《大学》改本的结构形式则表现为三纲、八目、释三纲、释八目。诸多改动中有两项最为显豁，能够反映出程颐的《大学》诠释重心。其一，程颐认为古本诚意章"子曰听讼……此谓知本"（听讼节）一段为错简，将其移到"未之有也"之下，则听讼节末句"此谓知本"与"此谓知之至也"上面的"此谓知本"重复，故将其视为衍文删去。这里明显突出了格物致知的地位，将慎独、诚意的展开建立在格物致知的基础上，在某种意义上可以说是淡化了慎独、诚意的作用。其二，程颐将程颢所前提的三段内容置于"八条目"展开的格物致知说之后，用作解释三纲之文。如此一来，所改订的内容在格物致知之后以强化的方式展开，下接"修身"与"知本"，由此突出"格物致知"对于修身的重要性。在程颐这里，《大学》就成为一个以格物致知为基础的修身纲领。二程对《大学》的改订与诠释成为朱子今本《大学》的直接来源，尤其是朱子对程颐的继承。

今本《大学》始于二程而定型于朱子，正如本章开篇所言，朱子的改订与诠释使《大学》进入了"四书"时代。而相较于古本《大学》，朱子的今本《大学》所表现出的不同精神取向主要有以下几个方面：其一，将古本《大学》分为经、传两部分。朱子经、传的划分，虽未改变古本《大学》的结构，但却强化了《大学》文本的内在层次，并且认为其是"孔子之言，而曾子述之"，从而在构建出一个源于孔子的道统和学统的同时，使《大学》具有了不可置疑的经典性质。其二，根据《诗》《书》的内容重新编订次序，形成对三纲领、八条目的解释。朱子首次明确提出，以"明明德、新民、止于至善"为三纲领，以"格物、致知、诚意、正心、修身、齐家、治国、平天下"为八条目，并将《大学》原来所引《诗》《书》的内容根据其含义进行选择，依据三纲领、八条目的次序重新编排。这使得三纲领、八条目的内容获得了更集中有力的义理支撑，强化了三纲领、八条目的合理性与不可移性，使得三纲领、八条目成为一个环环相扣、步步递进的阶梯。其三,对未有"格物""致知"解释的古本《大学》另作补传。朱子自认为是根据"程子之意"作补传,但又以《大学》原来的"知本"和"知之至"作为格物致知的基本前提,因而所谓格物致知就成为《大学》修齐治平之道的基础,而古本《大学》原来强调的诚意,则是建立在格物致知的基础上,即通过格物穷理的方式达到诚意的目的,这就将八条目编排为一个从格致诚正到修齐治平的环环相扣的过程。如此一来,古本《大学》在朱子的改订和诠释之下,形成了新的诠释系统,今本《大学》也由此而生。

二、《大学》的作者及其成书年代

朱子对《大学》的改订与诠释,不仅使得《大学》成为独立的理学经典依据,而且为后儒留下了改本典范。但同时也遗留了诸多问题,其中关于《大学》的作者与成书年代就成为后世学者讨论的焦点之一。从朱子的改订来看,他并非故意扭曲儒家经典,或编造儒家道统论,将《大学》塑造为孔门师徒代代相传的谱系。而是遵循二程的判断,并在其基础上将"经"视为"孔子之言,而曾子述之","传"则为"曾子之意,而门人记之"。但如此断定并不能给出相应的具有说服力的理由,似乎只关注到强调"吾日三省吾身"的孔子、以"孝"守约的曾子,并没有关注到从格物致知到修齐治平的实践问题。朱子对此问题的"断言"以及明代出现的丰坊石经,更是让《大学》的作者与成书年代争议不断,至今未有定论。《大学》的作者与成书年代是两个密切相关的问题,但又有区别,二者可以相互佐证。这里主要从《大学》诠释史的角度梳理历代诸家对这一问题的基本看法,以作简要的概述,并在此基础上对《大学》的作者及其成书年代稍作辨正性的澄清。

(一)《大学》的作者

有关《大学》作者的问题,早在汉代就已经有所讨论,但并未形成明确的定见,故而延续至今。学界对此也未能形成基本的定论,主要代表性的观点有孔子说、曾子学派说以及子思说,还包括孟子后学、荀子后学等不同的说法。

最早明确提出《大学》为孔子所作的是北宋的程颢。他继承张载"《中庸》、

《大学》出于圣门,无可疑者"①的说法,认为"《大学》乃孔氏之遗书,须从此学则不差"②。"《大学》,孔氏之遗言也。学者由是而学,则不迷于入德之门也。"③程颢的这种说法并无古籍可考,其主要是从《礼记》中的古本《大学》直接推断而来,即由《礼记》的作者断定《大学》的作者。而关于《礼记》的作者,《史记·孔子世家》中有"故书传、礼记自孔氏"一说,故以此为证。又以孔颖达《礼记正义》所云为证:"《礼记》之作,出自孔氏,但正《礼》残缺,无复能明……至孔子没后,七十二子之徒共撰所闻以为此记。或录旧礼之义,或录变礼所由,或兼记体履,或杂序得失,故编而录之,以为记也。"④此种关联式的推论难以从文献上得到确论,多为模糊之论。在此问题上,程颢除了选择延续前儒的判断,更多的是意在将《大学》纳入孔学正统的思想脉络之中,以肯定、提升《大学》的经典地位。

《大学》被看作是曾子学派的作品,则始于南宋的朱熹。朱熹认为:"及周之衰,贤圣之君不作,学校之政不修,教化陵夷,风俗颓败,时则有若孔子之圣,而不得君师之位以行其政教,于是独取先王之法,诵而传之以诏后世。若《曲礼》、《少仪》、《内则》、《弟子职》诸篇,固小学之支流余裔,而此篇者,则因小学之成功,以著大学之明法,外有以极其规模之大,而内有以尽其节目之详者也。三千之徒,盖莫不闻其说,而曾氏之传独得其宗,于是作为传义,以发其意。"⑤因此,朱熹将《大学》分为经、传两部分,进一步明确《大学》为曾子学派所作。认为"右经一章,盖孔子之言,而曾子述之。其传十章,则曾子之意,而门人记之也"⑥。值得注意的是,朱子对《大学》作者的判断经历了变化,早年坚定地认为是孔子,"至于孔子,不得其位而笔之于书,以示后世之为天下国家者"⑦,其后有所调整,即如上所言分经、传,"经"为孔子之言,而曾子述之,"传"为曾子之

---

① 张载.经学理窟·义理[M]//张载.张载集.章锡琛,点校.北京:中华书局,1978:277.
② 程颢,程颐.《河南程氏遗书》卷二上[M]//程颢,程颐.二程集.王孝鱼,点校.北京:中华书局,2004:18.
③ 程颢,程颐.《程氏粹言》卷一[M]//程颢,程颐.二程集.王孝鱼,点校.北京:中华书局,2004:1204.
④ 郑玄,注.孔颖达,疏.礼记正义:上[M].上海:上海古籍出版社,2008:4.
⑤ 朱熹.大学章句[M]//朱熹.四书章句集注.北京:中华书局,1983:2.
⑥ 朱熹.大学章句[M]//朱熹.四书章句集注.北京:中华书局,1983:4.
⑦ 朱熹.癸未垂拱奏扎[M]//朱熹.朱子全书:第20册.朱杰人,严佐之,刘永翔,主编.上海:上海古籍出版社;合肥:安徽教育出版社,2002:636.

意,而门人记之。朱子的这一说法主要从道统的角度强调《大学》的地位,构建出一个源于孔子的道统和学统,《大学》成为孔、曾、思、孟的道统之书。这一说法在后世得到了较为广泛的认可,如宋代黎立武《大学发微》曰:"《大学》,其曾子之书乎!曾子传道在一贯,悟道在忠恕,造道在易之艮。"①值得注意的是,近年来随着出土文献的发掘和解读,学者开始重新讨论《大学》的作者问题,对曾子作《大学》之说给予肯定。如李学勤肯定朱子对经、传的划分,并判定:"《大学》的传应认为曾子作品。曾子是孔子弟子,因而经的部分就一定是曾子所述孔子之言。"②梁涛对《大学》晚出的集中论据进行辨析后,也得出了《大学》可能出于曾子或其弟子之手的观点。③

子思作《大学》之说则始于东汉经学家贾逵。后世明清两代学者所持子思作《大学》之论,皆依据汉代贾逵的论述。加之朱熹的"其传十章,则曾子之意,而门人记之也"④一说的影响,也很容易得出这样的结论。如明刘宗周云:"汉儒贾逵云:'子思穷居于宋,惧圣道之不明,乃作《大学》以经之,《中庸》以纬之。'今抽绎二书,《中庸》原是《大学》注疏,似出一人之手,而篇中又有'曾子曰'一条,意其遗言多本曾子,而曾子复得仲尼所亲授,故程子谓'孔氏遗书',而朱子遂谓首篇为孔子之言而曾子述之,后篇为'曾子之意,门人记之',有以也。"⑤刘宗周对《大学》作者的看法主要依据丰坊石经,但据黄以周《子思子·内篇》记载,早在丰坊石经以前,如《学斋占毕纂》《古小学讲义》《三经见圣编》等书,都以子思作《大学》为论。其中,《三经见圣编》甚至认为《大学》与《中庸》原为一篇,乃《中庸》之后小半。可见,子思作《大学》之说在明清时期也广泛地流传。

近代学人冯友兰提出了《大学》与荀子有关的说法。冯友兰说:"《中庸》大部分为孟学,而《大学》则大部分为荀学。"⑥他认为《学记》袭自《荀子》,而《大

---

① 四库馆臣.四库全书初次进呈存目校证:第1卷[M].西安:陕西师范大学出版总社有限公司,2016:258.
② 李学勤.从简帛佚籍《五行》谈到《大学》[J].孔子研究,1998(3):49.
③ 梁涛.《大学》早出新证[J].中国哲学史,2000(3):88-95.
④ 朱熹.大学章句[M]//朱熹.四书章句集注.北京:中华书局,1983:4.
⑤ 刘宗周.大学古记约义[M]//刘宗周.刘宗周全集:第1册.吴光,主编.杭州:浙江古籍出版社,2007:643.
⑥ 冯友兰.中国哲学史:上[M].北京:商务印书馆,2011:396.

学》与《学记》关系又极为密切,据此将《大学》与《荀子》的《不苟》《非相》《解蔽》等篇比较,认为《大学》出于荀子后学。其主要依据在于:"《大学》亦教人'学止之'。'恶乎止之?'荀子曰:'止诸至足。'《大学》曰:'止于至善。'其义一也。"又有:"荀子以圣为'至足'。又曰:'圣也者,尽伦者也。'《大学》所说'为人君止于仁'等,即尽伦之义也。人苟知止,则向一定之目的以进行,心不旁骛而定,定则能静,静则能安,安则能虑,虑则能得矣。"①持此观点的人还有钱穆和戴君仁。

郭沫若则不认同冯友兰的《大学》出于荀学说,而提出《大学》应为孟学的观点。郭沫若认为,荀学继承了仲弓之儒的思想,其特点是善说礼制,与《大学》纯走"尚仁"之路大相径庭。② 在他看来,《大学》思想与荀学联系不大,《大学》是以性善说为出发点的,正心诚意都源于性善,而性善之说又肇端于思孟学派,经由孟子提出。如此一来,也就有了《大学》为孟学一说。

(二)《大学》的成书年代

《大学》的成书年代一直受到学界关注,关于《大学》的成书年代主要有形成于春秋末战国初说、秦汉之际说和汉代说。前后跨越三四百年,这里就主流观点加以概述。

《大学》成书于春秋末战国初的主要依据来自历代研究者对《大学》作者的判断。其中,《汉书·艺文志》认为《大学》为"七十子后学所作"。程颢认为:"《大学》乃孔氏之遗书,须从此学则不差。"③朱熹主张"右经一章,盖孔子之言,而曾子述之。其传十章,则曾子之意,而门人记之也"④,以及东汉经学家贾逵所持子思作《大学》之论,都成于春秋末战国初,此说由此确立。

秦汉之际说的主要代表人物为冯友兰、徐复观。冯友兰指出《学记》袭自荀子,认为《大学》出于荀子后学,其成书时间当在秦汉之际。徐复观在此问题上有更为精深的辨析:①《大学》所反映的学问内容,未曾受到以西汉经典为学问中心的影响,与《学记》之间绝无直接关联。②《尔雅》一书多出于汉儒之手,则

---

① 冯友兰.中国哲学史:上[M].北京:商务印书馆,2011:382-383.
② 郭沫若.十批判书[M].北京:人民出版社,2012:164.
③ 程颢,程颐.《河南程氏遗书》卷二上[M]//程颢,程颐.二程集.王孝鱼,点校.北京:中华书局,2004:18.
④ 朱熹.大学章句[M]//朱熹.四书章句集注.北京:中华书局,1983:4.

《尔雅》成书于汉武之前,殆为可信。其《释训》中"如切如磋,道学也"一段全引自《大学》,则《大学》成书可断言在《尔雅》成书之前。根据以上两条,徐复观推出《大学》当成书于西汉政权成立之前。③《大学》系以个人直通于天下国家,此必在天下为公的强烈观念之下始能出现,《吕氏春秋》中的政治思想多出于儒家,亦特强调此点。④《大学》中郑重引用《秦誓》。先秦诸子百家无引用《秦誓》之事,《大学》引用《秦誓》,可以反映出作者乃以秦的统治为其背景。根据以上两条,可以推出《大学》当在秦统一之后。综合起来,即《大学》当成书于"秦统一天下以后,西汉政权成立以前"①。值得注意的是,徐复观虽然肯定《大学》成书于秦汉之际,但认为《大学》属于孟子以心为主宰的系统,而不属于荀子的思想系统。

唐代经学家赵匡在其《春秋集传纂例》中认为《大学》成书于西汉初年:"《礼记》诸篇,或孔门之后末流弟子所撰;或是汉初诸儒私撰之。"②后有学者主张《大学》作于汉武帝之后。如清代学人陈澧认为"《学记》与《大学》相发明"③,《学记》是记学校之制度,《大学》是记大学教育的目的,主《大学》为汉武帝之后的作品。明代学人陈确则主东汉说:"《大学》,其言似圣而其旨实窜于禅。其词游而无根,其趋罔而终困,支离虚诞,此游夏之徒所不道,决非秦以前儒者所作可知。"④持此汉代说者则散见于《大学》诠释史,后有一些国外汉学家也认同此观点。

(三)《大学》的作者及其成书年代辨正

历代关于《大学》作者及其成书年代的看法,主要是通过文献考证与义理推证两方面得出的,其结论虽然相异,却各有立论根据。面对前人的各种说法,我们首先应该回归到《大学》文本所呈现出的内在思想谱系中去。所谓思想谱系是指思想形成、发展过程中所呈现的具有客观轨辙意义的思想理路,其中既有思想发展的内在逻辑,也包含具体的社会政治、思想文化等社会历史条件及其相互作用。在此意义上,才有可能做到对文本进行客观理解,进而作出从"以意逆志"到"知人论世"的把握。如果我们从《大学》所成立的思想谱系与具体概

---

① 徐复观.中国人性论史·先秦篇[M].北京:九州出版社,2014:247.
② 赵匡.春秋集传纂例[M].上海:上海书店出版社,2012:176.
③ 陈澧.礼记[M]//陈澧.东塾读书记.上海:上海古籍出版社,2012:159.
④ 陈确.大学辨一[M]//陈确.陈确集.北京:中华书局,1979:552.

念两方面进行比照分析,就会发现,上述各种观点的成立依据还有值得商讨的地方。因此,我们将《大学》的作者及其成书年代这两个既有区别又紧密联系的问题进行比照性分析,以期对《大学》的作者及其成书年代有进一步的澄清。

《大学》成书于春秋末战国初的观点在当代学界占据主流位置,而其依据则主要来自历代研究者对《大学》作者的判断,这主要集中在孔子、曾子、子思、孟子后学与荀子后学上。这就意味着《大学》与《论语》《中庸》《孟子》《荀子》的关系问题成为这一讨论的焦点,我们不妨从经典系统的思想谱系进行比照性判定。

首先,从《大学》与《论语》的关系来看《大学》的作者。程颢所言《大学》为孔子所作,这一观点主要是由《礼记》的作者来断定《大学》的作者。《大学》作为《礼记》中的一篇,有司马迁关于《礼记》之所谓"故书传、礼记自孔氏"一语为其证据。又以孔颖达《礼记正义》所云为证:"《礼记》之作,出自孔氏,但正《礼》残缺,无复能明……至孔子没后,七十二子之徒共撰所闻以为此记。或录旧礼之义,或录变礼所由,或兼记体履,或杂序得失,故编而录之,以为记也。"①但清代学者皮锡瑞明确指出,《史记》所载"礼记"并非指《礼记》一书,他认为:

> 三《礼》之名,起于汉末,在汉初但曰《礼》而已。汉所谓《礼》,即今十七篇之《仪礼》,而汉不名《仪礼》,专主经言,则曰《礼经》;合记而言,则曰《礼记》。许慎、卢植所称《礼记》,皆即《仪礼》与篇中之记,非今四十九篇之《礼记》也。其后《礼记》之名,为四十九篇之记所夺,乃以十七篇之《礼经》,别称《仪礼》。②

由此来看,从《大学》源于《礼记》来断定《大学》为孔子所作并没有确凿的依据。而从《论语》与《大学》各自的思想谱系来看,二者在问题的关注上也有较大的差异。《论语》中对礼的重视表现在很多方面,诸如仪文节度、内在精神、工夫修养等。而《大学》并未提及礼,主要从内在做人精神与家国天下同构两方面,将孔子所论及的礼的精神实质凝结在修身而落实在主体的诚意层面。除此之外,从当时所面临的问题来看,以挽救"周礼"为志业的孔子根本不会注意到所谓"格物致知"等问题。依此就可以推断,《大学》与《论语》属于两个不同时代,因而《大学》并非孔子所作。

---

① 郑玄,注.孔颖达,疏.礼记正义:上[M].上海:上海古籍出版社,2008:4.
② 皮锡瑞.三礼[M]//皮锡瑞.经学通论.北京:中华书局,2015:369.

其次,从《大学》与《中庸》的关系来看,二者在思想内容和思想旨趣方面多有重合之处,因此明清许多学者依据汉代贾逵之论,认为《大学》应为子思所作。但如果我们深入二者的内在思想理路,就会发现,虽然二者表现出相近的思想旨趣,但在思想的侧重点以及问题的关注上仍然有差异,这也成为我们辨析二者差异性的关键所在。《中庸》开篇就言"天命之谓性,率性之谓道,修道之谓教",由此可以看出,不论是天人两翼的展开,还是从天到人的天命的落实,《中庸》更倾向于"性"与"诚"两翼的相互印证。而《大学》则更强调从个体人生修养的角度出发,将齐家治国平天下建立在主体修身的基础上。即使其同样论"诚",也存在着天人一贯和人生修养两种不同的角度。《中庸》讲:"唯天下至诚,为能尽其性;能尽其性,则能尽人之性;能尽人之性,则能尽物之性;能尽物之性,则可以赞大地之化育;可以赞天地之化育,则可以与天地参矣。"这里是讲天人合一之下的"性"与"诚"的双向统一,所谓"性"是天所命于人者,是人的天命之性,自然也是人能够"上下于天地同流"的本体依据;所谓"诚"则主要是依据天道的运行以及从其本质规定出发所形成的人道。而《大学》则认为:"欲修其身者,先正其心;欲正其心者,先诚其意;欲诚其意者,先致其知。致知在格物。物格而后知至,知至而后意诚,意诚而后心正,心正而后身修,身修而后家齐,家齐而后国治,国治而后天下平。"《大学》对"诚"的表达无疑是从个体之"正心诚意"的修身工夫角度展开的,并通过主体之诚意,使修身成为齐家、治国、平天下的基本前提。这样来看,《大学》更加关注个体德性的修养,而这显然是对《中庸》天人一贯思想的具体落实。因此,如果以子思作《中庸》为准,那么《大学》的成书一定晚于《中庸》,并且是对《中庸》之"诚"在具体人生道德实践中的落实,有其内在一以贯之的思想脉络。

如果说《中庸》与《大学》在思想侧重方面确实有所不同,那么《大学》与《孟子》则表现出明确的继承与发展关系。我们从《大学》与《孟子》在具体概念的使用以及思想谱系上的差别出发,就可以看出二者之间的关联与区别,由此也可以推断《大学》的作者及其成书年代。首先从具体概念的使用来看,《大学》重视"本末""终始""先后"的关系对举,而这一方式就直接形成于孟子思想中。孟子曰:"不揣其本,而齐其末,方寸之木可使高于岑楼。金重于羽者,岂谓一钩金与一舆羽之谓哉?取食之重者与礼之轻者而比之,奚翅食重?"(《孟子·告子下》)孟子类似这样的对举方式还有许多,诸如鱼和熊掌的本末抉择模式,由此可以看出,事物的这种对举关系已经具有明确的价值蕴涵,并以此表达事物之间的不同关系。但在《孟子》中,这样的关系刚刚形成,所以并不具有严格对举的形式,而《大学》对此类关系的表达则更具有概括性:"物有本末,事有终始。知所先后,则近道矣。""本末"主要指一种纵向、立体的价值逻辑关系,"终始"则指在时间序列中表现出的先后关系,而《大学》所言"先后",则完全是从主体价值选择角度作出的规定,所以它既可以指时空序列中的"终始"关系,也可以指价值与逻辑序列中的"本末"关系;而"先后"关系本身就是"终始"与"本末"的统一,从而成为主体价值的最终选择。由此可以看出,《大学》在事物关系上的表达源于《孟子》,同时又促使对其内在问题的讨论进一步走向深入了。

除此之外,《大学》所谓"诚于中,形于外"的内外对举方式也直接源于《孟子》。《孟子》认为:"君子所性,仁、义、礼、智根于心,其生色也睟然,见于面,盎于背,施于四体,四体不言而喻。"(《孟子·尽心上》)《大学》则认为:"小人闲居为不善……人之视己,如见其肺肝然,则何益矣?此谓诚于中,形于外,故君子必慎其独也。"从二者的比较来看,《孟子》的"其生色也睟然,见于面,盎于背,施于四体"显然还带有具体描述的意味,而《大学》则以"如见其肺肝然"的方式将其内在之意明确揭示出来;至于"诚于中,形于外"一说,也就是将"君子必慎其独"推向主体的一种必然抉择。由此可见,《大学》所谓的慎独、诚意、修齐、治平,其实是对《孟子》践形思想的深化表达,其中既有对孟子思想的继承,又有所发展。而从整个儒学的发展来看,则正是从《大学》开始,慎独、诚意之说才真正成为儒家内省与自修之基本德目。如果我们从《孟子》与《大学》各自所面对的不同时代及其不同问题出发,就会发现,孟子所希冀的王道政治以及其"舍我其谁"的抱负,正是由后来的《大学》通过所谓三纲领、八条目的方式,从慎独、诚意入手,从而在理论上实现了孟子"平天下"的目的。由此来看,《大学》与《孟子》有着明显的继承与发展关系,虽然我们现在还不能明确断定《大学》的作者,但完全可以推断《大学》属于孟子后学的作品。

以上所论,主要是从思想谱系的角度来看《大学》与《论语》《中庸》《孟子》的内在逻辑关联,并由此认为《大学》属于孟子后学的作品。众所周知,孟子后学主要出现在战国末期,就当时的社会而言,其正处于战国末期与秦统一之前。陈来认为:"《大学》的基本思想就是三纲领、八条目,特别是八条目里面所讲的,从修身到平天下这个连续的论述,在战国时期的儒家就有类似的思想。《孟子》说'天下之本在国,国之本在家,家之本在身',这与《大学》所论述的那个逻辑是一致的,思想也是一致的。另外,类似的思想见于《礼记》里面的《乐记》,《乐记》里面引用了子夏的话,说'修身及家,平均天下',这与《大学》讲的'修身、齐家、治国、平天下'也是一致的。因此,《大学》的基本思想应该说与《乐记》《孟子》的时代相当,同处于一个大时代。《礼记·学记》很多地方讲到大学之道、大学之礼、大学之法、大学之教,说明它和《大学》篇首所讲的大学之道的讲法也是相互呼应的,应该也是处在同一个时代。"①因而,作为孕育思想的社会历史条件也就成为我们澄清《大学》成书年代问题的重要内容。

对于战国"道术将为天下裂"的现实,庄子在其《天下》中曾进行了这样的描述:

> 天下大乱,贤圣不明,道德不一。天下多得一察焉以自好。譬如耳目鼻口,皆有所明,不能相通。犹百家众技也,皆有所长,时有所用。虽然,不该不遍,一曲之士也。判天地之美,析万物之理,察古人之全。寡能备于天地之美,称神明之容。是故内圣外王之道,暗而不明,郁而不发,天下之人各为其所欲焉以自为方。悲夫!百家往而不反,必不合矣!后世之学者,不幸不见天地之纯,古人之大体。道术将为天下裂。

从当时的社会条件来看,庄子所描述的"道术将为天下裂",在战国晚期也可以说是为社会大一统政权之形成所展开的思想争鸣。秦的统一主要是在政治体制上用郡县制代替了分封制,建立了君王独裁的专制政体。面对这种统一,儒家所有的思想主张无疑是基于其所面对的时代问题而提出的。

而在《大学》中表现出强烈的问题意识就在于以慎独、诚意为基础,通过修身、齐家、治国、平天下实现天下的统一,并试图以之对即将来临的大一统政权进行道德约束。这里既有对儒家德性精神传统继承的因素,又有其自身所面对的时代问题的因素。儒学自孔子始,便以德性作为统治者的政治基础,主张"为政以德"。发展至孟子,则又明确提出"仁政"的政治主张,由此确立了儒家王道政治的内在纲维。这些思想到《孟子》已经基本形成,而《大学》则必须进一步落实孟子"平天下"的理想,其以慎独、诚意为具体入手,通过三纲领、八条目的方式,实现内圣外王的贯通。就其精神关怀而言,也就是儒家一以贯之的德性政治。但就其具体特点来看,它所倾诉的对象并非平民,而是握有王权并能够完成统一天下之大业的诸侯王。正因如此,《大学》就提出了"自天子以至于庶人,壹是皆以修身为本"这样的基本条件,明确以德性教养来规范统一天下的君

---

① 陈来.《大学》的作者、文本争论与思想诠释[J].东岳论丛,2020(9):128.

主,告诫新的统治者,只有彰明德性,亲爱百姓,才能实现"平天下"的理想。这无疑是在向即将完成统一大业的诸侯王权隔空喊话。众所周知,秦王朝建立以后,占统治地位的是法家思想。相比于儒家的德性政治,法家主要是以君王权力为中心,运用法、术、势,展开其驾驭、统治之道。而儒家面对即将统一的专制王权,只能从德性的角度提出自己的"平天下"之道。由此来看,《大学》所表现的思想内容并不仅仅是儒家内省自修的要求,而主要是对即将来临的大一统王权提出自己的德性统一路线。《大学》所表现的思想内容也就成为儒家在孟子之后面对"道术将为天下裂"的现实的一次重大宣言。因此,《大学》文本所透出的问题意识,就成为《大学》所形成的社会历史条件,而这也成为我们断定其成书年代最重要的参考之一。

如果从文献的角度来看《大学》的成书年代,也无疑与我们孟子后学的推论大体吻合。首先,《大学》作为《礼记》中的一篇,从《礼记》的成书年代也可以大体推断《大学》的成书年代。众所周知,《礼记》为西汉戴圣删编古"记"而成,那么以古"记"为底本的成书年代也就可以成为推论《大学》成书年代的重要依据。当代学者总结《礼记》底本的成书年代主要有三种观点:第一种观点认为是刘向校书时所得之古文"记"。晋陈邵说:"戴德删古礼二百四篇为八十五篇,谓之《大戴礼》;戴圣删《大戴礼》为四十九篇,是谓《小戴礼》。后汉马融、卢植考诸家同异,附戴圣篇章,去其繁重,及所叙略,而行于世,即今之《礼记》是也。"[①]第二种观点认为《礼记》是根据那些依附于《礼经》的古文"记"删编而成。先秦古籍有"经""记"之分,"记"是对经文的解释、说明和补充。唐孔颖达《礼记正义》曰:"《礼记》之作,出自孔氏,但正《礼》残缺,无复能明……至孔子没后,七十二子之徒共撰所闻以为此记。或录旧礼之义,或录变礼所由,或兼记体履,或杂序得失,故编而录之,以为记也。"[②]第三种观点认为《礼记》乃是删取班固《汉书·艺文志》所说的"《记》百三十篇"而成。清毛奇龄说:"若《礼记》则前志(指《汉书·艺文志》)只云《记》百三十一篇,当是《礼记》未成书底本。"[③]上述三种观点虽有不同,但都认为《礼记》是删取古"记"而成,那些依附于《礼经》的"记",是从先秦流传下来的,也是古"记"。班固在《汉书·艺文志》

---

① 陆德明.经典释文序录疏证[M].吴承仕,疏证.张力伟,点校.北京:中华书局,2008:91.
② 郑玄,注.孔颖达,疏.礼记正义:上[M].上海:上海古籍出版社,2008:4.
③ 皮锡瑞.三礼[M]//皮锡瑞.经学通论.北京:中华书局,2015:381.

礼家项目中说:"《记》百三十一篇,七十子后学者所记也。"①这些作"记"的七十子后学者都是战国末期人,因此断定《礼记》的形成年代应为战国至秦初(秦统一之前)。

其次,从《大学》引用《尚书·太甲》来看,《太甲》并未出现在汉代伏生所传的二十九篇《尚书》中,而司马迁在《史记·殷本纪》中只著录了《太甲》的篇名,其内容已佚。这说明西汉初年伏生传《尚书》时《太甲》即已亡佚。《太甲》是在东晋梅颐献伪《古文尚书》时才出现的,而梅颐所献《太甲》为伪造,因而《大学》所引用的《太甲》已经在秦火壁藏的过程中佚失。仅从《大学》对《太甲》的引用来看,说明其时尚未佚失,这说明《大学》的成书年代应该在秦统一六国之前。

关于学界所提出的《大学》与荀子的关系,我们可以从二者的思想理路上进行分析。冯友兰先生认为《大学》为荀子后学所作的主要依据是《大学》与《荀子·解蔽》等多篇内容相近。诸如《荀子·解蔽》:"学也者,固学止之也。恶乎止之？曰:止诸至足。"此与《大学》所谓"止于至善"相吻合。如果从字句含义的表达来看,《大学》确实与《荀子》有诸多相近之处,但这种从历史文献出发,进行语言对比的方法,容易忽略语言形式背后的内在理路。就上述"止诸至足"与"止于至善"的比较来看,荀子的"止诸至足"是指在不断的学习中使积累起来的知识成果和文化成果达到充足的地步,一如其所谓"学至乎没而后止也……诗者,中声之所止也……故学止乎礼而止矣"(《荀子·劝学》),也就是说,荀子之"学"在于通过对外在知识、文化的学习,以促进个体的成长、德性的提升。而《大学》中所谓的"止于至善"则是根植于"大学之道,在明明德"而提出的,即对于至善的追求在于明明德,而明明德关乎内在心性的修养,即所谓慎独、诚意与修身。因此,《大学》之"学",在于通过反求诸己,追求内在慎独、诚意而达到至善境地,其本身是一个由内向外的"诚于中,形于外"的道德实践过程。正如后来王阳明所言:"至善只是此心纯乎天理之极便是,更于事物上怎生求？"由此可以看出,《大学》开篇所言"大学之道,在明明德,在亲民,在止于至善"所表现出的是一种慎独、诚意之内在收摄而外发之路,根本不同于荀学的外在学习理路。问题的复杂性使我们不得不返回到荀子时代。荀子一生在稷下讲学中"最为老师",从这一情况看,当时可能已经没有思孟一系的儒者了,因为荀子既在稷下"三为祭酒",又在《非十二子》中对思孟儒学进行了激烈的批

---

① 班固.汉书[M].颜师古,注.北京:中华书局,1962:1709.

评。如果当时还有能够撰写《大学》的儒者，不仅荀子不可能"三为祭酒"，而且对其在《非十二子》中对思孟学派的批评也绝不会置之不理；如果《大学》著于荀子之后，无论其接受荀子的观点还是坚持思孟的思路，都绝不可能是今天这个样子。因为《大学》的作者如果接受了荀子思想的影响，就不会是今天这个样子；如果不接受荀子的观点而坚持思孟的谱系，则必然会对荀子的思想进行批评。但这两个方面都不见于《大学》，说明其必然是荀子以前的孟子后学所作。

那么，有没有可能像徐复观先生所说的《大学》乃秦汉儒者所作呢？从当时的社会历史条件来看，也绝不存在这种可能。先从秦代来看，秦王朝一贯坚持法家思想，"以法为教，以吏为师"；焚书坑儒之后，其政策则是"有敢偶语《诗》《书》者弃市，以古非今者族，吏见知不举者与同罪"（《史记·秦始皇本纪第六》）。在这种严酷打压之下，根本不会有儒者去故意撞这个枪口。那么汉代如何呢？汉代儒学政策的反转确实是通过儒生实现的，辅佐刘邦打天下的陆贾以及后来传授《尚书》的伏生，不仅是儒生，而且还都是前秦博士。陆贾虽有《新语》之著，但其思想与《大学》的谱系距离较远；伏生作为《尚书》专家，其与《大学》思想谱系的距离虽然并不远，但其在秦王朝的焚书坑儒面前，却选择了"壁藏经典"的方式，直到汉文帝派晁错向他学习《尚书》才以儒者现身，因而也不可能是《大学》的作者。

通过对《大学》与《论语》《中庸》《孟子》《荀子》之间的比较，包括对其所形成之特定社会条件的分析，我们基本可以断定，《大学》为孟子后学所作，其成书于战国末年至秦统一之前。

三、《大学》今古本之争及其影响

朱子对《大学》文本经、传结构的划分，衍生出后世对《大学》作者及其成书年代和改本结构的争论。而其对《大学》作的"补传"则开启了宋明理学中的另一个聚讼不已的公案，即以王阳明为代表的今古本之争。如前所述，朱子增补"格物致知传"，实际上是以"即物穷理"解释"格物"，认为"格物穷理"是为学工夫的入手处。王阳明对朱子的"补传"以及古本结构的调整不满，他通过自身的"格物"实践，发现朱子的"格物穷理"导致心与理为二，难以成为作圣之功，故力主恢复古本《大学》，坚持认为："《大学》之要，诚意而已矣。诚意之功，格物而已矣。诚意之极,止至善而已矣。"①不难看出,由王阳明对朱子《大学》改本的质疑引发的《大学》今古本之争,实则是两种《大学》诠释系统的碰撞,即"格物"与"诚意"之辨。

王阳明对朱子《大学》改本的批评主要集中在两点:其一,反对朱子对古本《大学》文本结构的增改。他说:"《大学》古本乃孔门相传旧本耳。朱子疑其有所脱误而改正补辑之,在某则谓其本无脱误,悉从其旧而已矣。……且旧本之传数千载矣,今读其文词,即明白而可通,论其工夫,又易简而可入。亦何所按据而断其此段之必在于彼,彼段之必在于此,与此之如何而缺,彼之如何而误?而遂改正补辑之,无乃重于背朱而轻于叛孔已乎?"②王阳明认为古本《大学》并无阙文错简,文义明白,工夫简易,朱子进行增改并无根据。其二,批评朱子改本支离为学工夫,导致了远离道德实践的至善追求。他说:"旧本析而圣人之意亡矣。是故不务于诚意而徒以格物者,谓之支;不事于格物而徒以诚意者,谓之虚;不本于致知而徒以格物诚意者,谓之妄。支与虚与妄,其于至善也远矣。合之以敬而益缀,补之以传而益离。"③王阳明基于"诚意"说而批评朱子改本所突出的"格物"说,强调"格物"不以"诚意"为主,则会产生"支与虚与妄"的弊病。而这两点批评又可以汇集为一点,即朱子今本《大学》的病根在于以"格物穷理"为工夫入手处,偏离了成德的内在要求。王阳明的批评,源于其早年的"格物"实践。实际上,王阳明一生的探讨始终沿着《大学》,尤其是朱子改订、诠释后的今本《大学》展开。

对于朱子的"格物"说,王阳明始终无法认同。从青年时的"庭前格竹"和"循序读书"两次失败的经验来看,王阳明认为朱子的"格物致知"会导致"物理吾心,终若判而为二"④。当他经历龙场大悟,走出这一工夫困境后,回忆并总结受困的原因:

---

① 王守仁.大学古本序[M]//王守仁.王阳明全集.吴光,钱明,董平,等编校.上海:上海古籍出版社,2011:271.

② 王守仁.答罗整庵少宰书[M]//王守仁.王阳明全集.吴光,钱明,董平,等编校.上海:上海古籍出版社,2011:85-86.

③ 王守仁.大学古本序[M]//王守仁.王阳明全集.吴光,钱明,董平,等编校.上海:上海古籍出版社,2011:271.

④ 钱德洪.《年谱》一[M]//王守仁.王阳明全集.吴光,钱明,董平,等编校.上海:上海古籍出版社,2011:1350.

众人只说格物要依晦翁,何曾把他的说去用?我着实曾用来。初年与钱友同论做圣贤,要格天下之物,如今安得这等大的力量?因指庭前竹子,令去格看。钱子早夜去穷格竹子的道理,竭其心思,至于三日,便致劳神成疾。当初说他这是精力不足,某因自去穷格。早夜不得其理,到七日,亦以劳思致疾。遂相与叹圣贤是做不得的,无他大力量去格物了。及在夷中三年,颇见得此意思,乃知天下之物本无可格者。其格物之功,只在身心上做,决然以圣人为人人可到,便自有担当了。这里意思,却要说与诸公知道。①

《大学》工夫即是明明德;明明德只是个诚意;诚意的工夫只是格物致知。若以诚意为主,去用格物致知的工夫,即工夫始有下落,即为善去恶无非是诚意的事。如新本先去穷格事物之理,即茫茫荡荡,都无着落处;须用添个敬字方才牵扯得向身心上来。然终是没根源。若须用添个敬字,缘何孔门倒将一个最紧要的字落了,直待千余年后要人来补出?正谓以诚意为主,即不需添敬字,所以提出个诚意来说,正是学问的大头脑处。②

从上述内容可以看出,当王阳明展开"格竹"实践时,他的目的并不是对竹子作出物理存在意义上的所以然之理探究,而是围绕其成圣成贤的为己之志,指向人伦道德的所当然之行为。所以说,格一草一木之理只是入圣之方法,并非目的。但当王阳明以穷格一草一木之所以然之理而求得德性行为之所当然之则时,就形成了直接的冲突,即通过格物致知的外在求理能否实现人内在德性的圣贤追求。换言之,外在物理的求索要通过主体的认知进路来获得,但认知所求得的所以然之理能否实现人伦道德的自觉。这一问题就成为王阳明格竹以成圣的最大困惑,也成为他批评朱子"格物穷理",主张回归古本《大学》的原因所在。对于此困惑,王阳明在龙场大悟"圣人之道,吾性自足,向之求理于事物者误也"③,反映在《大学》文本的解读上,就是主张以"诚意"贯通《大学》各纲领条目。在王阳明看来,身、心、意、知、物实际上都是同一的,"诚意"是在身心

---

① 王守仁.《语录》三[M]//王守仁.王阳明全集.吴光,钱明,董平,等编校.上海:上海古籍出版社,2011:136.
② 王守仁.《语录》一[M]//王守仁.王阳明全集.吴光,钱明,董平,等编校.上海:上海古籍出版社,2011:44.
③ 钱德洪.《年谱》一[M]//王守仁.王阳明全集.吴光,钱明,董平,等编校.上海:上海古籍出版社,2011:1353.

上做工夫,如此用意在"物"上、"知"上,便都是由"诚意"而一线展开的成德工夫指向。王阳明在这里将"格物"的方向,从之前的外在认知性进路扭转为"只在身心上做"的内向性澄澈,其所谓的成圣成贤追求,也就成为主体道德实践中当下自我担当的问题,无关外在认知性知识的摄取。如此一来,王阳明对《大学》的诠释重心就由格物致知转向诚意了,这样一种依据古本《大学》而形成的新方向与新进路也就由此产生。

王阳明除了对朱子今本《大学》进行批评外,还于正德十三年(1518)刻录古本《大学》,为之作旁释,并作《大学古本序》。此后,在王阳明及其后学的倡导下,明代理学家们掀起了关于《大学》的今古本之争。每一代理学家似乎都要对朱子与王阳明的"格物""诚意"之争有所抉择,然后才能形成自己的立场和基本观点。这也使得《大学》今古本之争所表现出的朱王之异同,成为非此即彼的对立关系。那么,我们应当如何理解历史上《大学》今古本之争所造成的这一紧张呢?

通过上述讨论可以看出,古本《大学》作为理学家表达思想的经典依据,有着不同的进路与不同的诠释方向。可以说,不论是朱子的"格物"说,还是王阳明的"诚意"说,都是对古本《大学》的再诠释。王阳明力主恢复古本《大学》,其所主张的"诚意"说虽然更接近古本《大学》的原意,但在回归古本《大学》的过程中也受到了朱子思想谱系与诠释进路的影响。正如王阳明在提出"致良知"后,也就必然由先前的"《大学》之要,诚意而已"转向"致良知"而加以诠释了,所以在修改其《大学古本序》时说:"至其本体之知,而动无不善。然非即其事而格之,则亦无以致其知。故致知者,诚意之本也。格物者,致知之实也。物格则知致意诚,而有以复其本体,是之谓止至善。"①显然,王阳明对《大学》的强调由先前的以"诚意"为本变为以"致知"为本了,而这里的"致知"并非朱子所谓的即物穷理的"致知",而是实诚其意、实致其良知的意思。所以,王阳明在自身的思想谱系下观照古本《大学》时,便形成了不同于古本的新诠释。这里便涉及经典的解读与诠释问题,当我们试图解读文本、理解文本时会尽可能地发掘文本的原有含义,可以说是一个"入乎其内"、还原文本基本含义与结构的过程。而诠释往往又成为解读的一种先在性前提,潜在地决定着解读的方向,但诠释本

---

① 王守仁.大学古本序[M]//王守仁.王阳明全集.吴光,钱明,董平,等编校.上海:上海古籍出版社,2011:271.

身是一种"出乎其外"的创造性释读,能够重新发掘经典文本所具有的价值与意义。可见,解读与诠释是相互关联、相互促进的。在中国哲学的叙事传统中,思想的推陈出新往往蕴含在解读与诠释的统一中,解读是经典诠释的客观性基础,诠释则是以经典故有的论域为基础,拓展经典的论域,回应时代的问题,二者相互制约又相互促进。但值得注意的是,古人在经典解释中往往并不对解读与诠释进行区分,常以诠释代替解读,这也就造成了在对《大学》作者等基础问题判断时出现明显的谬误,以及思想史上被定型化的诠释逐渐积累,使得后来的学者不得不面对非此即彼的抉择问题。所以说,《大学》的今古本之争,来源于朱子和王阳明各自对古本《大学》的解读,因为自身的学术性格与思想谱系不同而形成了不同的诠释方向。虽然《大学》成为二人表达思想的重要经典依据,但也因二人以诠释代替解读的方式,使得看似今古本之争的问题成了不同诠释方向的较量,在遮蔽各自诠释价值的同时,《大学》改本与诠释等诸多问题由此而生,成为思想史上聚讼不已的公案。

当明确解读与诠释的内在张力后,我们再来看朱子与王阳明的今古本之争。朱子与王阳明之所以形成各自的诠释进路,主要在于各自所面对的时代问题或不得不解决的问题。对于朱子而言,宋代政权自建立之始,就以"偃武修文"为基本国策,并在此基础上形成了"庆历之际,学统四起"[①]的社会文化格局。而当时地方学派与地方文化的兴起,正是这种宽松的社会文化环境滋养的结果。南宋时期,士大夫阶层的崛起以及社会大量的知识需求,都成为朱子重新编订"四书"、建构理学经典体系的重要条件。其中,在《大学》的改订与诠释中,将古本《大学》中的"明明德"之落实"在亲民",改为了"作新民"。这无疑是为了满足社会大众的需求,并在此基础上提出了儒家所能发挥的作用方向。除此之外,朱子对"格物致知传"很重视,将诚意建立在格物致知的基础上,使得《大学》成为适应宋代社会需求的教学大纲与士人的进德之阶。而对于王阳明来说,朱子学的官学化到明代形成了"此亦一述朱,彼亦一述朱"[②]的僵化格局。对于当时整个社会与学界所表现出的身心与口耳的内外背反之风,王阳明深谙其弊。但对于其自我精神之觉解而言,内外背反不仅仅作为一种社会风气而存在,同时也是他学以成圣过程中心、理内外为二的工夫症结。这一问题的症结

---

① 黄宗羲.士刘诸儒学案[M]//黄宗羲.宋元学案.北京:中华书局,1986:251.
② 黄宗羲.姚江学案[M]//黄宗羲.宋元学案.北京:中华书局,1986:178.

就是王阳明对朱子及其后学和通过"格物致知"成长起来的文人士大夫提出了一个尖锐的问题:"先儒解格物为格天下物,天下之物如何格得?且谓一草一木亦皆有理,今如何去格?纵格得草木来,如何反来诚得自家意?"[①]可见,不论是朱子还是王阳明,都是通过自身所处的社会历史条件以及所面对的时代问题进行《大学》改订与诠释的。他们在不同时代境遇下所解决的问题及其产生的影响,使得《大学》今古本之争表现出不同的诠释重心,这构成了宋明理学问题话语之发展的一贯脉络,各有其自身的价值。

[①] 王守仁.《语录》三[M]//王守仁.王阳明全集.吴光,钱明,董平,等编校.上海:上海古籍出版社,2011:135.

第二章 《大学》的篇章结构

《大学》是《礼记》四十九篇中的第四十二篇。作为《礼记》中的一篇,其在《礼记》中的地位并不突显。郑玄、孔颖达认为《大学》应当属于解释《礼记》的通论性文章。到了唐代,《大学》开始受到关注。宋代程颢、程颐兄弟开始重视《大学》《中庸》《论语》《孟子》,其中,对《大学》诸多命题、思想有所阐发。《大学》也因此被视为"初学入德之门",地位重要。以后又经朱熹改订与诠释,《大学》作为经典的意义开始突显,并成为"四书"之首。从这个角度看,《大学》的篇章结构在宋以前较为稳定,其变化自程朱而始。

从历时角度对《大学》篇章结构的变化进行分析,可以将其分成三种结构形式。分别是:《礼记》本《大学》,即宋以前的《大学》版本,亦即王阳明所谓的《大学》古本;被颁布为官学的朱子《大学章句》,即南宋末的《大学》,是为"改本"或"今本";学者心目中的《大学》"原本"①,即宋以后的《大学》改本或古本。

一、宋以前的《大学》(古本《大学》)

《大学》原是《小戴礼记》中的第四十二篇。东汉时,郑玄广为群经作注,《小戴礼记》亦是其中一部。汉武帝时,《大学》随《礼记》成为五经之一,从而进入官学系列,比《论语》《孟子》更早进入官学。在唐代,唐太宗命孔颖达领撰《五经正义》,以郑注为尊,用皇侃疏,他家并废。此后《五经正义》相沿为官定之本,而《大学》遂为郑注、孔疏之《大学》,习称为注疏本《大学》或古本《大学》。

孔疏《大学》虽未对《大学》作明确的分章分节,但其所疏内容自有脉络可循,根据内容具体可分为三大段:"第一大段,言三在之事,自'大学之道'至'此

---

① 有学者认为这种原本仍是古本或今本,此处拟采用李纪祥先生于《两宋以来大学改本之研究》中使用的方法,这种"原本"还是与古本和今本相区分。

谓知之之道……近道矣'为一节,阐明三在。'知止……能得''古之欲……此谓知之至也'为一节,阐明明德之理。第二大段,言诚意为本。自'所谓诚其意者'至'此谓知本'。孔疏云:'所谓诚其意者'自此以下至'此谓知本',广明诚意之事。郑注、孔疏均极为重视诚意,故言'大学',疏云'先从诚意始';于'此谓知本'结句,郑玄注云'本谓诚其意也',疏云'此谓知本者,此从上"所谓诚意"以下言此"大畏民志"以上,皆是诚意之事。意为行本,既精诚其意,是晓知其本,故云此谓知本也'。故郑注章句不以'此谓知本'一句附于听讼一节,而以之为整个诚意章之收束。其意盖视诚意为大学之始,又为大学之本。此一大段又可以分为三节,'所谓诚其意……故君子必慎其独也'为一节,阐明慎独为诚意之本。'曾子曰……大畏民志'为一节,杂引经传以明诚意之事。'此谓知本'一节,作为整个诚意章的收束。第三大段,自'所谓修身'至末,均覆说前经之理,全文又可分为四节。'所谓修身……在正其心'为一节,此覆说前修身正心之事。'所谓齐其家……不可以齐其家'为一节,重明前经齐家修身之事。'所谓治国……此谓治国在齐其家'为一节,覆明前经治国齐家之事。'所谓平天下……此谓国不以利为利以义为利也'为一节,覆明前经平天下在治其国之事。"①

后世学者在理解《大学》古本时,对其判分章节,以便阐明义理。根据今人李纪祥先生的整理统计,"大学分章之形式,计有六章、七章、八章、十章与十三章之别。而其中又以分六章者为最多,……诸人之分为六章,大要皆以首章总论大学之道,作为大学之纲目。此总纲包含三纲八目,亦仍受朱子之影响;第二章释诚意,第三章释正心修身,第四章释修身齐家,第五章释齐家治国,第六章释治国平天下。此种分章,确能显示大学全篇之结构"②。

自汉至唐初,《大学》并未引起过多重视,仍未从《礼记》中独立出来。郑玄对《大学》《中庸》并未给予特别重视,对于《大学》的题解也是依据《礼记》的整体旨趣而进行注解,与中晚唐以后学者从天道性命、心性修养角度进行诠释有显著的差异。可以说,从汉代至唐初还没有脱离《礼记》而独立存在的《大学》。中唐时期,韩愈、李翱对《大学》格外关注,其关注点主要在于借助《大学》的格致诚正、修齐治平表达儒家道统及其现世关怀,以反对佛教。韩愈在《原道》中

---

① 李纪祥.两宋以来大学改本之研究[M].台北:学生书局,1988:20-21.
② 李纪祥.两宋以来大学改本之研究[M].台北:学生书局,1988:21-22.

引《大学》"古之欲明明德于天下者"一段,阐发儒家心性之学与佛教的差异。李翱将《大学》由身心修养而展开的齐家治国平天下之道,融入其复性论中,说明个人的复性即是由内圣而至外王的过程。韩愈、李翱等学者对《大学》的关注与解读,说明儒家在排斥佛老的过程中,已经意识到其中的某些思想意蕴。由此之后,《大学》在义理方面开始被关注并加以阐发,但其篇章结构较为稳定,并未出现单行本。

二、宋时的《大学》

北宋初年的儒学复兴,显现出不同于汉儒治经的新风气:不事训诂,讲明义理。在此风气的形成过程中,逐渐产生了"疑经"与"疑传"的疑古(亦可统称为"疑经")思潮。朱子对此有所提及:"理义大本复明于世,固自周、程,然先此诸儒亦多有助。旧来儒者不越注疏而已,至永叔、原父、孙明复诸公,始自出议论,如李泰伯文字亦自好,此是运数将开,理义渐欲复明于世故也。"① 朱子指出旧儒墨守经传,不越注疏,而从欧阳修等人开始以注重义理的方式疑经。如欧阳修曾指出《中庸》经文前后自相矛盾,怀疑其传有谬误。刘敞等人对经典的怀疑力度进一步扩大,刘敞提出"不尽从传,亦不尽废传"②的主张,并在其所著的《七经小传》中对诸多经典进行增字、改经,而主要依据在于经典所呈现的整体义理。这使得北宋中期以后,改经就义之风日盛,其后二程、朱子对《大学》的改订,以及胡宏删改《孝经》旧文,王柏删改《诗》《书》旧文,也就并非先例。而疑经、改经的主要目的就在于挖掘、阐发经典的内在义理,在此基础上,对于古本《大学》的怀疑与改订也就在这种时代思潮下相应展开。

(一)《大学》单行本的出现

北宋仁宗时期,为奖励中举的进士,特别赏赐《儒行》篇或《中庸》《大学》篇书轴,《大学》单行本由此出现,如宋仁宗八年(1030),赐予新第进士王拱辰《大学》篇一轴。③ 司马光有《大学广义》一卷,为《大学》单行本之始。此后范祖禹、

---

① 黎靖德.朱子语类[M].王星贤,点校.北京:中华书局,1986:2089.
② 王梓材,冯云濠.庐陵学案补遗[M]//王梓材,冯云濠.宋元学案补遗.北京:中华书局,2012:509.
③ 王应麟《玉海》卷三十四《天圣赐进士大学》:"天圣八年四月丙戌,赐进士王拱辰宴于琼林苑,遣中使赐御诗及《大学》篇各一轴。自后登第者,必赐《儒行》或《中庸》、《大学》篇。"

吕希哲等都谈到《大学》诚意正心章,《大学》在当时已经逐渐受到重视。

北宋时期,作为宋明道学开创者之一的张载较为重视《大学》,他认为《大学》"出于圣门",并且将《中庸》《大学》与《礼记》中的一般文章加以区别。他指出:"学者信书,且须信《论语》、《孟子》。《诗》、《书》无舛杂。《礼》虽杂出诸儒,亦若无害义处,如《中庸》、《大学》出于圣门,无可疑者。《礼记》则是诸儒杂记,至如礼文不可不信,己之言礼未必胜如诸儒。如有前后所出不同且阙之,《记》有疑义亦且阙之,就有道而正焉。"①由于辟佛排老意识及其"造道"关怀,张载虽然重视《大学》,但在儒家经典的具体阐发中并未提到《大学》。

(二)《大学》改本的出现

北宋儒学初兴,在解经方面表现出与汉儒不同的取向,即注重义理阐发。《大学》在北宋开始受到重视,就改本而言,则肇始于二程兄弟。在北宋以前,并未有改经之举,至宋代而大开风气,诸如《诗序》《洪范》《康诰》等经典都有改订之本。因此,二程改订《大学》,并非私意之举,而是在当时学风的影响下,以改经方式而尊经。小程就曾表达过其改经的原因:"修身当学《大学》之序,《大学》,圣人之完书也。其间先后失次者,已证之矣。"②足以见得其尊经的目的。《大学》经过二程的改订与推崇,成为宋明理学史上重要的经典资源。就改订内容来看,二程对《大学》的改本各出一种类型:大程以三纲八目为整体结构,形成三纲领—解释三纲领、八条目—解释八条目的结构形式。此种观念后为林之奇所继承,但林之奇的改本并未受到人们的重视。而朱子依循伊川之模式,探索出《大学》新的结构与观念,即经传二分与纲目对称,就是"一经九传"的典型模式。朱子的《大学章句》成为《大学》改本史上的典范。因此,《大学》改本的出现,从北宋程颢、程颐开始,最后由朱熹完成,此后《大学》的篇章结构都依据此而损益。

1. 二程改本

《大学》改本,自程颢始。程颢的改本并未有单篇传世,仅由其弟子收录在《程氏经说》中,称为《明道先生改正大学》。其文没有分章,没有解说。根据

---

① 张载.经学理窟·义理[M]//张载.张载集.章锡琛,点校.北京:中华书局,1978:277-278.

② 程颢,程颐.《河南程氏遗书》卷二十四[M]//程颢,程颐.二程集.王孝鱼,点校.北京:中华书局,2004:311.

《程氏经说》记载,程颢改本如下:

1. 大学之道……则近道矣。
2. 康诰曰克明德……皆自明也。
3. 汤之盘铭曰……无所不用其极。
4. 诗云於戏……与国人交,止于信。
5. 古之欲明明德于天下者……国治而后天下平。
6. 自天子以至于庶人……此谓知本,此谓知之至也。
7. 所谓诚其意者……故君子必诚其意。
8. 所谓修身在正其心者……此谓修身在正其心。
9. 所谓齐其家在修其身者……此谓身不修不可以齐其家。
10. 所谓治国必先齐其家者……此谓治国在齐其家。
11. 所谓平天下在治其国者……辟则为天下僇矣。
12. 诗云瞻彼淇澳……此以没世不忘也。
13. 子曰听讼……大畏民志,此谓知本。
14. 诗云殷之未丧师……此谓国不以利为利,以义为利也。

根据上述篇章结构的调整可以看出,程颢最早认为《大学》古本在诚意章有错简,并将古本诚意章中"康诰曰克明德……与国人交,止于信"特别提出,放在第2、3、4条的位置。如此调整就形成了以"明德、亲民、止于至善"为纲领,以"格物、致知、诚意、正心、修身、齐家、治国、平天下"为条目,并在三纲领和八条目之后有释文,全篇呈现为三纲—释三纲、八目—释八目的结构。

在《程氏经说》中,同样载有《伊川先生改正大学》一篇,其列程颐改本如下:

1. 大学之道……则近道矣。
2. 子曰听讼……此谓知本,此谓知之至也。
3. 康诰曰克明德……皆自明也。
4. 汤之盘铭曰……无所不用其极。
5. 诗云於戏……与国人交,止于信。
6. 所谓诚其意者……故君子必诚其意。
7. 所谓修身在正其心者……此谓修身在正其心。
8. 所谓齐其家在修其身者……此谓身不修不可以齐其家。
9. 所谓治国必先齐其家者……此谓治国在齐其家。
10. 所谓平天下在治其国者……辟则为天下僇矣。
11. 诗云瞻彼淇澳……此以没世不忘也。

12. 康诰曰惟命不于常……骄泰以失之。

13. 诗云殷之未丧师……货悖而入者,亦悖而出。

14. 生财有大道……此谓国不以利为利,以义为利也。

根据上述篇章结构的调整,程颐《大学》改本的结构为三纲八目—格致释文、三纲释文—诚正修齐治平释文。三纲八目首先成一纲领性结构,统领释文。在具体内容的改动中,值得注意的有:① 程颐将古本"亲民"改为"新民",并以三则《诗经》作为释文加以引证。后朱子依循程颐"新民"说,并加以义理阐发,到了王阳明则提出异议,主张回归"亲民"。"新民""亲民"之辩,在后世多有学者讨论,影响较大。② 程颐主张"格物"为《大学》工夫之统,以此编排篇章结构。认为古本诚意章"子曰听讼……此谓知本"一段为错简,将其移至第 1 条"未之有也"之下,而听讼节末句"此谓知本"与"此谓知之至也"上面的"此谓知本"重复,故将其视为衍文而删去。

据李纪祥先生概括,二程改本的意义主要有以下几个方面:"(一)三纲、八目之排列形式:在改本史上,首先将'三纲、八目'作为大学一篇结构之主体的,是二程改本,但两人之安排形式并不相同。明道之结构形式为:三纲、三纲释文、八目、八目释文。伊川之结构形式为:三纲、八目,格、致释文,三纲释文,诚、正、修、齐、治、平释文。两人之排列方式虽不同,但厘出三纲、八目之名义,作为大学一书之结构主体,却为二程所留下之第一点意义。(二)注意到诚意章有错简:二程均视古本诚意章后半'诗云瞻彼'、'诗云於戏'、'康诰曰克明德'、'汤之盘铭曰'、'诗云邦畿'、'子曰听讼'等节为错简,且均以'康诰曰克明德'、'汤之盘铭曰'、'诗云邦畿'三节为释三纲之文。首先注意诚意章有错简,并认为三纲释文即在其中,此为二程在改本史上所留下之第二点意义。(三)新民说:伊川改本中,从释文'汤之盘铭曰……无所不用其极'之义,将'亲民'改作'新民',引起尔后对此两字之辩论。(四)经传之分:伊川改本,以其第 1 条提倡三纲、八目,第 2 条至末皆为释第 1 条之文,首格、致之释文,次三纲之释文,再次诚意、正心……治国平天下之文,俨然纲目与释文二分,似隐隐有以第 1 条'大学之道……未之有也'为经,第 2 条以下作传之意,故清人朱鹤龄谓经、传之分自伊川始,只是伊川未曾明白说出而已,故至朱子重订章句时,便继承伊川此意,明白为大学一书分判经传。(五)格致释文:吾人由第一章之叙述已可知,若依三纲、八目分析古本之结构,三纲之释文是一问题,二程改本均已注意及此。另外,格致之释文亦是一问题,此于二程改本中,亦已注意及之。在明道改本中,虽未尝自释,但依其结构,可知'自天子以至于庶人……此谓知之至也'即为其格致之释文;而伊川改本中,更是特意于此,故将格致释文安排在'三纲'释文之前,而'子曰听讼……此谓知之至也'即其格致释文。"①

2. 朱子改本②

在二程改本的影响下,其后改本以林之奇与朱熹为代表。林之奇(1112—1176),字少颖,南宋初年侯官人,其学传自吕本中,又通以佛学。在《大学》改本上受二程影响,亦主张三纲、八目之分与"新民"说等内容。但在格、致释文上有所厘定,主张以"退经补传"的方式补充格、致释文,这也成为林之奇改本的主要特色,可以视为朱子作"格致补传"之先声。但其改本在历史上的实际影响并不大,后逐渐不为人所知。宋代改订《大学》者,自二程以后,人们多以朱子为集大成者。

朱子《大学》改本虽有承二程改本之内容,但其仍不满意二程的改订,他指出:"河南程氏两夫子出,而有以接乎孟氏之传。实始尊信此篇……为之次其简编……犹颇放失……亦穷附己意,补其阙略,以俟后之君子。"③于是,重新编排了《大学》的篇章结构。现就将朱子《大学章句》全文录入如下,以便明晰朱子改订之内容与意义:

> 大学之道,在明明德,在新民,在止于至善。知止而后有定,定而后能静,静而后能安,安而后能虑,虑而后能得。物有本末,事有终始。知所先后,则近道矣。
>
> 古之欲明明德于天下者,先治其国;欲治其国者,先齐其家;欲齐其家者,先修其身;欲修其身者,先正其心;欲正其心者,先诚其意;欲诚其意者,先致其知。致知在格物。
>
> 物格而后知至,知至而后意诚,意诚而后心正,心正而后身修,身修而后家齐,家齐而后国治,国治而后天下平。
>
> 自天子以至于庶人,壹是皆以修身为本。其本乱而末治者否矣。其所厚者薄,而其所薄者厚,未之有也。

朱子曰:"右经一章,盖孔子之言,而曾子述之。其传十章,则曾子之意,而门人记之也。旧本颇有错简,今因程子所定,而更考经文,别为序次如左。"

> 《康诰》曰:"克明德。"《大甲》曰:"顾諟天之明命。"《帝典》曰:"克明峻德。"皆自明也。

---

① 李纪祥.两宋以来大学改本之研究[M].台北:学生书局,1988:50-52.
② 根据李纪祥先生的总结,朱子移错简一(三纲传与本末传)、异字二(齐治传中之二"帅"字)、改字一("新民"之"新")、删字四(删"此谓知本")、另增补一百二十八字(补传)。
③ 朱熹.大学章句[M]//朱熹.四书章句集注.北京:中华书局,1983:2.

朱子曰:"右传之首章,释明明德。"

汤之《盘铭》曰:"苟日新,日日新,又日新。"《康诰》曰:"作新民。"《诗》曰:"周虽旧邦,其命惟新。"是故君子无所不用其极。

朱子曰:"右传之二章,释新民。"

《诗》云:"邦畿千里,惟民所止。"《诗》云:"缗蛮黄鸟,止于丘隅。"子曰:"于止,知其所止,可以人而不如鸟乎?"《诗》云:"穆穆文王,于缉熙敬止。"为人君,止于仁;为人臣,止于敬;为人子,止于孝;为人父,止于慈;与国人交,止于信。《诗》云:"瞻彼淇澳,菉竹猗猗。有斐君子,如切如磋,如琢如磨。瑟兮僩兮,赫兮喧兮。有斐君子,终不可諠兮。"如切如磋者,道学也。如琢如磨者,自修也。瑟兮僩兮者,恂慄也。赫兮喧兮者,威仪也。有斐君子,终不可諠兮者,道盛德至善,民之不能忘也。《诗》云:"於戏,前王不忘。"君子贤其贤而亲其亲,小人乐其乐而利其利,此以没世不忘也。

朱子曰:"右传之三章,释止于至善。"

子曰:"听讼,吾犹人也。必也使无讼乎!"无情者不得尽其辞,大畏民志,此谓知本。

朱子曰:"右传之四章,释本末。"

此谓知本,此谓知之至也。

朱子曰:"右传之五章,盖释格物致知之义,而今亡矣。闲尝窃取程子之意以补之。"

所谓致知在格物者,言欲致吾之知,在即物而穷其理也。盖人心之灵莫不有知,而天下之物莫不有理,惟于理有未穷,故其知有不尽也。是以《大学》始教,必使学者即凡天下之物,莫不因其已知之理而益穷之,以求至乎其极。至于用力之久,而一旦豁然贯通焉,则众物之表里精粗无不到,而吾心之全体大用无不明矣。此谓物格,此谓知之至也。

所谓诚其意者,毋自欺也。如恶恶臭,如好好色,此之谓自谦。故君子必慎其独也。小人闲居为不善,无所不至,见君子而后厌然,掩其不善,而著其善。人之视己,如见其肺肝然,则何益矣?此谓诚于中,形于外,故君子必慎其独也。

曾子曰:"十目所视,十手所指,其严乎!"富润屋,德润身,心广体胖,故君子必诚其意。

朱子曰:"右传之六章,释诚意。"

所谓修身在正其心者,身有所忿懥,则不得其正;有所恐惧,则不得其正;有所好乐,则不得其正;有所忧患,则不得其正。心不在焉,视而不见,听而不闻,食而不知其味。此谓修身在正其心。

朱子曰:"右传之七章,释正心修身。"

所谓齐其家在修其身者,人之其所亲爱而辟焉,之其所贱恶而辟焉,之其所畏敬而辟焉,之其所哀矜而辟焉,之其所敖惰而辟焉。故好而知其恶,恶而知其美者,天下鲜矣。故谚有之曰:"人莫知其子之恶,莫知其苗之硕。"此谓身不修不可以齐其家。

朱子曰:"右传之八章,释修身齐家。"

所谓治国必先齐其家者,其家不可教而能教人者,无之。故君子不出家而成教于国。孝者,所以事君也;弟者,所以事长也;慈者,所以使众也。《康诰》曰:"如保赤子。"心诚求之,虽不中不远矣。未有学养子而后嫁者也。一家仁,一国兴仁;一家让,一国兴让;一人贪戾,一国作乱;其机如此。此谓一言偾事,一人定国。尧、舜帅天下以仁,而民从之;桀、纣帅天下以暴,而民从之。其所令反其所好,而民不从。是故君子有诸己而后求诸人,无诸己而后非诸人。所藏乎身不恕,而能喻诸人者,未之有也。故治国在齐其家。

《诗》云:"桃之夭夭,其叶蓁蓁。之子于归,宜其家人。"宜其家人,而后可以教国人。《诗》云:"宜兄宜弟。"宜兄宜弟,而后可以教国人。《诗》云:"其仪不忒,正是四国。"其为父子兄弟足法,而后民法之也。此谓治国在齐其家。

朱子曰:"右传之九章,释齐家治国。"

所谓平天下在治其国者,上老老而民兴孝,上长长而民兴弟,上恤孤而民不倍,是以君子有絜矩之道也。所恶于上,毋以使下;所恶于下,毋以事上;所恶于前,毋以先后;所恶于后,毋以从前;所恶于右,毋以交于左;所恶于左,毋以交于右;此之谓絜矩之道。

《诗》云:"乐只君子,民之父母。"民之所好好之,民之所恶恶之,此之谓民之父母。《诗》云:"节彼南山,维石岩岩。赫赫师尹,民具尔瞻。"有国者不可以不慎,辟则为天下僇矣。《诗》云:"殷之未丧师,克配上帝。仪监于殷,峻命不易。"道得众则得国,失众则失国。

是故君子先慎乎德。有德此有人,有人此有土,有土此有财,有财此有用。德者本也,财者末也。外本内末,争民施夺。是故财聚则民散,财散则民聚。是故言悖而出者,亦悖而入;货悖而入者,亦悖而出。

《康诰》曰:"惟命不于常。"道善则得之,不善则失之矣。《楚书》曰:"楚国无以为宝,惟善以为宝。"舅犯曰:"亡人无以为宝,仁亲以为宝。"《秦誓》曰:"若有一介臣,断断兮无他技,其心休休焉,其如有容焉。人之有技,若己有之;人之彦圣,其心好之,不啻若自其口出,实能容之,以能保我子孙黎民,尚亦有利哉!人之有技,媢嫉以恶之;人之彦圣,而违之俾不通,实不能容,以不能保我子孙黎民,亦曰殆哉!"唯仁人放流之,迸诸四夷,不与同中国。此谓唯仁人为能爱人,能恶人。见贤而不能举,举而不能先,命也;见不善而不能退,退而不能远,过也。好人之所恶,恶人之所好,是谓拂人之性,灾必逮夫身。是故君子有大道,必忠信以得之,骄泰以失之。

生财有大道,生之者众,食之者寡,为之者疾,用之者舒,则财恒足矣。仁者以财发身,不仁者以身发财。未有上好仁而下不好义者也,未有好义其事不终者也,未有府库财非其财者也。孟献子曰:"畜马乘不察于鸡豚,伐冰之家不畜牛羊,百乘之家不畜聚敛之臣。与其有聚敛之臣,宁有盗臣。"此谓国不以利为利,以义为利也。长国家而务财用者,必自小人矣。彼为善之,小人之使为国家,灾害并至。虽有善者,亦无如之何矣!此谓国不以利为利,以义为利也。

朱子曰:"右传之十章,释治国平天下。凡传十章,前四章统论纲领指趣,后六章细论条目功夫。其第五章乃明善之要,第六章乃诚身之本,在初学尤为当务之急,读者不可以其近而忽之也。"

在《大学》改订本中,朱子首先定三纲八目之结构。如前文所述,二程改本中已有此端倪,至朱子则首次明确提出,以"明明德、新民、止于至善"为三纲,朱子说:"此三者,大学之纲领也";以"格物、致知、诚意、正心、修身、齐家、治国、平天下"为八目,朱子说:"此八者,大学之条目也",并在此基础上形成"一经十传"的诠释模式。朱子说:"右经一章,盖孔子之言,而曾子述之。"朱子在经文中,从伊川改"亲"作"新"。注云:"程子曰:亲,当作新。"又说:"新者,革其旧之谓也……,言明明德、新民,皆当至于至善之地而不迁……。此三者,大学之纲领也。"①可见其主张"新民"说,在后来与王阳明的《大学》今古本之争中,"新民"与"亲民"亦是讨论的焦点。其次,在三纲传上,朱子对"明明德、新民"传文

---

① 朱熹.大学章句[M]//朱熹.四书章句集注.北京:中华书局,1983:3.

遵循二程所订,而在"止于至善"一传中,删除二程所订一段文字,另补"诗云瞻彼……民之不能忘也""诗云於戏……没世不忘也"两段文字。同样,"子曰听讼"一节在《大学》古本中置于"止于信"之后、正心修身之前,而程颐则将其置于经文之下、"此谓知之至也"之上,朱子则将其放在传之第四章,以解释本末。这样一种改动,便涉及诚意章的改订。朱子从二程,认为古本诚意章"故君子必诚其意"以下六段文字皆为错简,全部移出。但朱子将前五段文字用作解释三纲的传文,而另一段则作为本末的传文。最后,朱子所作一百二十八字"格物传"的增补,实为对其所理解的《大学》文意的疏通,其中带有明显的理学烙印。就《大学》古本之文意而言,朱子所作补传有所出入,因而颇受后儒诟病。但就朱子所补之内容而言,其揭示了《大学》的首要工夫在格物穷理、倡明大学之道,将《大学》纳入理学诠释视域,具有重要意义。

《大学》改订之于朱子,如其所言:"某于《大学》用工甚多。温公作《通鉴》,言:'臣平生精力,尽在此书。'某于《大学》亦然。《论》、《孟》、《中庸》,却不费力。"[1]而经过朱子改订、诠释后的《大学》便成为宋明理学发展的重要经典资源。所以说,到了朱子,《大学》与《论语》《中庸》《孟子》并列,始成为"四书",被视为孔、曾、思、孟一贯之作。由此以后,《大学》历经元、明、清三代,一律被尊为科举考试的法定教科书,从这一点来看,朱子可谓功不可没。

二程、朱熹《大学》改本的篇章结构及其特点对比如表2-1所示:

表2-1 二程、朱熹《大学》改本的篇章结构及其特点

篇章结构及特点	程颢	程颐	朱熹
段落顺序[2] (错简内容亦于此)	① 1-2-3-12-13-14-4-5-6-7-8 ② 9 ③ 16 ④ 17 ⑤ 18	① 1-2-3-4-5-6-7 ② 15-8-12-13-14 ③ 9 ④ 16	经: ① 1-2-3-4-5-6-7 传: ① 12 ② 13 ③ 14-10-11

---

[1] 朱熹.《朱子语类》卷十四[M]//朱熹.朱子全书:第14册.上海:上海古籍出版社;合肥:安徽教育出版社,2002:430.

[2] 此段落序号按古本《大学》的节数标。参见丁为祥.《大学》今古本辨正[J].陕西师范大学学报(哲学社会科学版),2011(4):77-91.

续表

篇章结构及特点	程颢	程颐	朱熹
段落顺序（错简内容亦于此）	⑥ 19－20－21－10－11－15 ⑦ 22－23－24－25 ⑧ 25－26	⑤ 17 ⑥ 18 ⑦ 19－20－21－10－11－23－24－25 ⑧ 25－21－22 ⑨ 26	④ 15 ⑤ 8＋补格物致知章 ⑥ 9 ⑦ 16 ⑧ 17 ⑨ 18 ⑩ 19－20－21－22－23－24－25－26
篇章	三纲领—解释三纲领 八条目—解释八条目	三纲、八目 格、致释文 三纲释文 诚正修齐治平释文	三纲、八目、三纲释、八目释；右经一章，盖孔子之言，而曾子述之，其传十章（第五章为朱熹所补），则曾子之意，而门人记之也
特点	突出"明明德"与"诚意"，所以其所上调的三段也全然用来说明"明明德"，然后再展开关于"诚意"的论述，整体上注重诚敬内省	重点阐发格物致知论；在文本结构上，虽然变动不大，却在文本中强化格物致知，将部分内容"后置"（与大程相比）与"前置"（与古本原文相比）以突出格物致知论	将《大学》分为经、传两个部分；将《大学》原来所引的《诗》《书》内容根据其含义进行拣择，并依据三纲八目的次序重新予以编排；在总论格物致知的"补传"之前强调"知本"，之后再展开关于"诚意""慎独"的论述，以此突出格物致知，将其作为《大学》的基本点
	经过这两种不同的"改正"之后，《大学》形成两个不同的重心		

3."格致传"改本

朱子之后，关于《大学》改本的研究，也出现了许多"格致传"改本。究其原因,皆起源于朱子改本所遗留的问题,这主要表现为两个方面:一为"补传"之方式;一为在三纲、八目之外歧出一个本末传。这两点成为后人关注朱子改本的焦点问题。朱子之后,"格致传"改本主要有宋元时期的董槐、王柏、车若水、叶梦鼎、黄震、景星等;明代又兴"格致传"改本,由宋濂等人首倡,蔡清、林希元、刘续、郁文初等都力主其说。李纪祥先生考证"格致传"改本的共同前提是:"格致传诸人,虽不慊于本末传之突兀、格物补传之自为增补,但于朱子改本中的分经释传,移动诚意章诸简之改订部分,则完全继承,盖彼等实自认为朱子改本之修订者也。兹先列出'格致传'改本之共同前提:(1)专为修订朱子改本,故以朱子改本为基础。(2)必有经、传之分。(3)经传之分,以三纲八目之对称为前提。(4)退去朱子之本末传,另移作他用。(5)退去朱子之补传,仅保留'此谓知本,此谓知之至也'二句。此派人士,重订'格致传'之方式,系自大学原文中寻绎剔出字句,且避开补传与本末传之缺失,仅用移文之方式,以求得一合乎经文旨意的传文。"[①]这些儒者所倡"格致传"改本并非简单地反对朱子改本,而是为补朱子改本之偏而作,其也多为宗朱学者。"格致传"改本缘起于朱子改本,在宋、元、明时期均有影响,在《大学》改本历史上有重要的地位。

三、宋以后的《大学》改本(明清)

(一) 明代改本

明代是《大学》改本史上的高潮,各种改本数目较多,主要在正德、嘉靖、万历年间。以正德为界,正德以前,改本所论大多不出宋元改订的范围,如宋濂、方孝孺、蔡清等人。而正德以后,改本渐多,理路渐杂。割裂推移者如丰坊本、管志道本、季本本,反对程朱经传之分者如崔铣本、王世贞本,主张经传之分而又不尽同于程朱者如王道本、李材本、葛寅亮本,诸多改本反映出理学家之间的思想差异。尤其在心学兴盛后,王阳明提出以《大学》古本取代朱子的新本。这也使得朱子以来几乎稳定下来的文献,重新开启了变动的可能。明代《大学》改本围绕文本、宗旨和格物之争,主要形成了朱子、王阳明以及丰坊伪石经本三种对《大学》的不同诠释方向,明代学者多依据此展开讨论。

---

① 李纪祥.两宋以来大学改本之研究[M].台北:学生书局,1988:85-86.

1. 伪石经《大学》改本

伪石经《大学》改本,嘉靖四十三年(1564),有魏政和石经本《大学》流传于世。据王文禄叙述此石经出于甬东丰坊家传,后世将此称为伪石经《大学》本。在此依据《丘陵学山》中王文禄的《大学石经古本旁释》,将丰坊本分节录入,并与古本相对照,方便观览。

丰本(一)

  大学之道……止于至善。

  古之欲明明德……致知在格物。

古本

  大学之道……止于至善。

  知止而后有定……而后能得。

  物有本末……则近道矣。

  古之欲明明德……致知在格物。

丰本(二)

  1. 物有本末……则近道矣。

  2. 诗云缗蛮……不如鸟乎。

  3. 知止而后有定……而后能得。

  4. 诗云邦畿千里,惟民所止。

  5. 子曰听讼……此谓知本。

  6. 自天子以至于……未之有也。

  7. 物格而后知至……天下平。

  8. 此谓知本,此谓知之至也。

古本

  物格而后知至……天下平。

  自天子以至于……未之有也。

  此谓知本,此谓知之至也。

丰本(三)

  所谓诚其意者……故君子必诚其意。

古本
　　所谓诚其意者……故君子必诚其意。
　　诗云瞻彼……此谓知本。

丰本(四)
　　所谓修身在正其心者……食而不知其味。
　　颜渊问仁。子曰:非礼勿视,非礼勿听,非礼勿言,非礼勿动。
　　此谓修身在正其心。
古本
　　所谓修身在正其心者……食而不知其味。
　　此谓修身在正其心。

丰本(五)
　　所谓齐其家在修其身者……此谓身不修不可以齐其家。
古本
　　所谓齐其家在修其身者……此谓身不修不可以齐其家。

丰本(六)
　　1.所谓治国必先齐其家者……慈者,所以使众也。
　　2.一家仁,一国兴仁……一言偾事,一人定国。
　　3.康诰曰如保赤子……而后嫁者也。
　　4.故治国在齐其家。
　　5.诗云桃之夭夭……此谓治国在齐其家。
古本
　　所谓治国必先齐其家者……慈者,所以使众也。
　　康诰曰如保赤子……而后嫁者也。
　　一家仁,一国兴仁……一言偾事,一人定国。
　　尧、舜率天下……未之有也。
　　故治国在齐其家。
　　诗云桃之夭夭……此谓治国在齐其家。

丰本(七)

    1. 所谓平天下在治其国者……此之谓民之父母。

    2. 秦誓曰……菑必逮夫身。

    3. 诗云节彼南山……为天下僇矣。

    4. 是故君子先慎乎德……财散则民聚。

    5. 诗云殷之未丧师……失众则失国。

    6. 楚书曰……惟善以为宝。

    7. 是故言悖而出……亦悖而入。

    8. 康诰曰惟命……不善则失之矣。

    9. 舅犯曰……仁亲以为宝。

    10. 仁者以财发身……非其财者也。

    11. 生财有大道……财恒足矣。

    12. 孟献子曰……以义为利也。

    13. 是故君子有大道……骄泰以失之。

古本

    1. 所谓平天下在治其国者……此之谓民之父母。

    3. 诗云节彼南山……为天下僇矣。

    5. 诗云殷之未丧师……失众则失国。

    4. 是故君子先慎乎德……财散则民聚。

    7. 是故言悖而出……亦悖而入。

    8. 康诰曰惟命……不善则失之矣。

    6. 楚书曰……惟善以为宝。

    9. 舅犯曰……仁亲以为宝。

    2. 秦誓曰……菑必逮夫身。

    13. 是故君子有大道……骄泰以失之。

    11. 生财有大道……财恒足矣。

    10. 仁者以财发身……非其财者也。

    12. 孟献子曰……以义为利也。

丰本(八)

    康诰曰克明德……皆自明也。

汤之盘铭曰……是故君子无所不用其极。
诗云穆穆文王……与国人交,止于信。
诗云瞻彼……民之不能忘也。
诗云於戏……此以没世不忘也。

以上所录,可见丰本与古本之改订的差别处。在王文禄的《大学石经古本旁释》中,收有丰坊所撰六条释文,为了理解丰本文意,在此列出:

(1)丰曰:天下之本在身,平天下始于格致,致有扩充意,格有感通意。(在格致章)

(2)丰曰:视听言动,身也;勿者,心为主禁止非礼,礼乃中节之和,达道也。唐本删此六句,非。(在正修章)

(3)丰曰:个读作介。

(4)丰曰:漫,贤者诿曰:"我非不举,其人之命当穷";倪,佞者饰之曰:"此人偶有无心之失,故容之"。

(5)丰曰:恕,即絜矩也,此平天下之结语,照应如此。(以上三条在治平章)

(6)丰曰:指出敬字,乃圣学之要,有曰:"合之以敬而益缀",岂其然乎。(在末章)

通过上述内容不难看出,伪石经《大学》本与古本有三点不同:一是经文倒置;二是增加"颜渊问仁。子曰:非礼勿视,非礼勿听,非礼勿言,非礼勿动"二十二字;三是省去"此谓知本""此谓知之至也""此谓修身在正其心"十八字。伪石经《大学》本对朱子本冲击很大,完全否定了经、传结构和格致补传,同时也对王阳明所尊古本构成威胁。伪石经本虽然在文字上与王阳明所尊古本差异不大,但调整了部分文字的顺序,对一些文字略作增删,使得全文整体上首尾贯通,脉络流通。后得到王文禄、耿定向、管志道、邹元标、刘宗周等诸多学者的支持,影响较大。

2. 明代诸儒改本

在伪石经《大学》本出现以后,明代改本诸多,在朱子学与阳明学的互动中,诸儒改本大体可分为三类,一为分经传;二为不分经传;三为伪石经影响下的改本。分经传的改本主要有王道改本、李材改本。其中王道改本在《大学》改本历史上多有特色,其一,以"删减"为主要特点;其二,他认为应当以传从经,传文中解释"新民"的部分是讲师误读经文所致,因此主张"亲民"之说。不分经传的改本主要有崔铣改本、季本改本和王世贞改本。其中,从崔铣开始,改本为之一变。在此之前,受程朱改本影响未有不分经传,至崔铣开始有不分经传的主张。伪石经影响下的改本主要有管志道改本、刘宗周改本、葛寅亮改本。其中,管志道改本以伪石经改本为依据,不分经传,以三纲起、以三纲结,中间内含八条目及其释文,以此成为其改本最大特色。

我们将明代诸儒重要的《大学》改本按以下三类进行划分,具体如表 2-2 所示:

表 2-2　明代诸儒的《大学》改本及其特色

分类	诸儒	改本存目	改本特色
分经传者	杨守陈	改本见于《大学私抄》,未见,仅序文尚在《杨文懿公文集》中	何乔新撰《杨文懿公墓志铭》可见杨氏改本一端,以听讼节为平天下之传文,但此说并非独见
	程敏政	《大学重订本》	《经义考》收录程氏自跋,可知其改本于格致一传受董槐、车若水影响,于平天下章则受二程影响,欲就此两端有所更正补充,完成新的改本
	王道	《大学亿》	传六章;以传从经,"新民"部分是讲师误读经文所致,仍主"亲民"
	李材	刘斯原《通考》载《大学古义》,其中著录李材改本	立止修之说,移动诚意章之错简,作三纲传文
不分经传者①	崔铣	《经义考》著录崔铣《大学全文通释》一卷	一改朱本之风气,承古本,分七段。高攀龙承此改本
	季本	《四书私存》	更动古本之处甚多
	王世贞	《读书后》	本于朱子所订纲、目之序,以及董槐等人退"补"求"传"之思路而来

---

① 主要有以下三家,三家外尚有丰坊、管志道、刘宗周。管、刘二家由于受伪石经的影响,列于下一类再作介绍。

续表

分类	诸儒	改本存目	改本特色
伪石经影响下之改本	管志道	《重订古本大学章句合释文》	第一个仅以三纲作为大学总纲之人,八目退于次章
	刘宗周	《大学古记》《大学古记约义》	以右首章作为全篇之纲领
	葛寅亮	《四书湖南讲》《大学诂》	以诚意章后半六节为错简,而将之移于篇末,并为一章

(二) 清代改本

明代改本随着进入清代而逐渐衰落,究其原因在于学术思潮的转型。自清代中叶以后,考证之学兴起,学者尊注疏复古本,力主《大学》返归《礼记》,很大程度上减少了《大学》改本之争。但清初学问的主流仍为明末之延续,在思想方面,朱王之辩仍是思想界主要关注的问题之一,表现在《大学》改本方面,即朱本、古本、改本仍然有分歧。因此,在清乾隆以前,《大学》改本有较为集中的呈现,在此列举八家,以窥见清代《大学》改本之隅,具体如表 2-3 所示:

表 2-3　清代诸儒的《大学》改本及其特色

诸儒	改本存目	改本特色
张履祥	《初学备忘》	平天下传移"生财有大道"至"以义为利也"共一百七十六字于"康诰曰惟命不于常"之上,而以"骄泰以失之"终焉
张伯行	费元衡《张清恪公行状》	依朱子序文,改正朱子"右经一章"大注;移朱本中"诗云邦畿千里"之序;改订治国平天下传
胡渭	《大学翼真》	借朱子改本之章节形式,作不同之解释,以成自家观点。与作为底本的朱本不同有四:无格物补传;"知之至也"所置不同;未删"此谓知本";改动一字,将其中"此谓知本"改作"此谓知止"

续表

诸儒	改本存目	改本特色
惠士奇	《大学说》	遵循朱子改本,将诚意章后半前移作三纲释文;认为"自明而诚"而非"自诚而明"
任启运	伪北齐本,伪托北齐雄安	受伪石经之影响,作三纲—八目—八目释—三纲释之安排
甘家斌	郑珍《古本大学说序》	变动古本一处,将"所谓诚其意……必诚其意"移到"此谓知本"之后
宗稷辰	《四书体味录》残本《大学新得》《大学僢序测蠡》	将治平章移入首章,此种方式仅见于宗氏一人
章钧	《大学补遗》	章氏改本重在首章,认为"自天子以至于庶人,壹是皆以修身为本……未之有也"一节语意未完,有待补足。但其补入方式取自《中庸》,割《中庸》哀公问政章以补缺文

第三章 《大学》的基本思想

对于形成于两千多年前而又经历近千年不断改订的儒家经典《大学》,要概括其基本思想无疑是一件非常困难的事。因为无论是哪一种解读思路、哪一种基本观点,不仅前人已经进行了各种不同的尝试,而且也都存在着与之相对立的思想观点。但无论是对儒家经典进行客观性的介绍还是结合现代生活进行理论价值的阐发,也都不能不对其基本思想进行概括。这样,我们就不得不采取一种概略性的做法:在一以古本为归的基础上对其基本思想作一简要的概括。

为什么要一以古本为归?因为《大学》毕竟属于古代经典,虽然其作者以及具体形成年代至今仍然无法定断,但其思想上属于思孟一系、具体形成上在荀子以前却是大体可以断定的。这样一来,我们也就完全可以以荀学之前的思孟学派作品来对《大学》的基本思想进行概括了。

一、《大学》是说给谁的

如前所述,《大学》的作者目前尚无法定断,至于将其思想归结于思孟学派也只能说是一个大概的归类。不过,既然从现存的文献出发还无法对上述问题作出明确的断定,那么我们也就可以暂时绕开传统的文献考订方法而从其思想内容入手来断定其作者的归属及其成书的年代。也就是说,对于《大学》这样一部儒家文献,我们试图从其究竟是说给谁的并提出要注意什么问题的角度来看它究竟是由谁作的,以及其究竟形成于什么年代。

从这个角度看,人们对《大学》的主要内容,即所谓三纲领、八条目以及其修齐治平的指向已经有了基本公认的概括,这就是《大学》首先是儒家对于结束战国战乱格局的一种时代性建言,所以《大学》不可能是《孟子》以前的作品。

为什么这样说呢?因为春秋是一个"礼坏乐崩"的时代,而孔子一生的主要努力就在于以"仁"挺"礼",所以其既有"礼云礼云,玉帛云乎哉!乐云乐云,钟鼓云乎哉"(《论语·阳货》)的感慨,又有"人而不仁,如礼何?人而不仁,如乐何"(《论语·八佾》)的感叹。至于以"守约"著称的曾子,也不过是将孔子的仁礼结构凝结为儒者立身之"孝"而已,所以其有《孝经》之作。直到子思,由于儒家受到杨墨两家思想的夹击,所以只能纵向立体地撑开儒家的精神结构,并以"天命之谓性,率性之谓道,修道之谓教"以及"性"与"诚"之互补,澄清儒家的"天命"依据及其天人合一的精神结构。就此而言,即使到了子思,儒家都不可能为自己提出一个修齐治平的纲领,因为时代还没有形成提出这一任务的历史条件。

但到了孟子时代,所谓"平天下"的说法就开始出现了。请看《孟子》一书中的两段对话:

> 孟子见梁襄王,出,语人曰:"望之不似人君,就之而不见所畏焉。卒然问曰:'天下恶乎定?'
> 吾对曰:'定于一。'
> '孰能一之?'
> 对曰:'不嗜杀人者能一之。'
> '孰能与之?'
> 对曰:'天下莫不与也……'"(《孟子·梁惠王上》)
> 夫天未欲平治天下;如欲平治天下,当今之世,舍我其谁也?吾何为不豫哉?(《孟子·公孙丑下》)

这两段对话准确地表现了孟子时代的形势。前者反映了梁襄王对这一问题的提出;而孟子"不嗜杀人者能一之"的回答,也准确地表现了这一问题提出的猝然性,因而所谓"不嗜杀人者能一之"的回答实际上是一种漫然的回答,也表明这一问题还没有提上孟子的议事日程。所以后面就有"夫天未欲平治天下"的判断,即使孟子表示"吾何为不豫哉",也只是说明孟子认为对此问题应当有所考虑而已。因而,"夫天未欲平治天下"的判断可以视为以修齐治平为指向的《大学》不可能形成于孟子之前的一个时代性的标志。

那么《大学》又是说给谁的呢?既然《大学》以修齐治平为指向,而以三纲领开篇,那么这个三纲领就应当是实现修齐治平指向的基本前提。三纲领包括什么内容呢?其实就是《大学》开篇点题的三句话:"大学之道,在明明德,在亲民,在止于至善。"所谓明明德,就是《尚书·尧典》中的"克明俊德",因而也就点明了这必然属于儒家的文献;至于"在亲民"与"止于至善"两项,也无疑非儒家莫属。但其可贵之处在于,从"明明德"出发,所谓"在亲民"与"止于至善"就可以说是对"明明德"的一种展开与落实;但是,如果从"止于至善"的根本方向出发,那么"明明德"与"在亲民"也就可以说是其所以实现的基本前提。所以,所谓的三纲领,也就是规定"大学"这个"圆"上的三个"点";而在这三个"点"上,最具体也最容易把握的一点在于"亲民",那么,这究竟是说给谁的呢?很明显,这无疑是说给那个最需要"保民而王",而且能够担当统一天下之使命的诸侯的。

从具体内容来看,在总共两千余字的《大学》文本中,竟有以下如此明确的规范与要求。比如:

> 自天子以至于庶人,壹是皆以修身为本。
>
> 所谓平天下在治其国者,上老老而民兴孝,上长长而民兴弟,上恤孤而民不倍,是以君子有絜矩之道也。
>
> 未有上好仁而下不好义者也,未有好义其事不终者也,未有府库财非其财者也……此谓国不以利为利,以义为利也。

所有这些内容都是说给谁听的?又有谁能够掌控这些方面的作用方向与抉择权呢?很明显,这就是能够掌控一国人民之命运,也能掌控一国财富之运用方向的诸侯。所以,仅凭这些内容,就可以清楚地看出《大学》倾诉的对象就是那个能够担当天下统一任务的诸侯王,也可以说是儒家学者对于未来天下统一者的一种隔空式的呼唤与喊话。

之所以认为《大学》不可能是《孟子》以前的作品,而只能是思孟后学尤其是孟子后学所为,不仅在于这种隔空喊话的形式,而且还在于其喊话的具体内容。仅凭这种"上老老""上长长"与"上恤孤"的喊话形式,《大学》能是荀子后学所为吗?所以,从其思想内容出发,完全可以断定《大学》属于孟子后学的作品,因为其喊话的形式都是典型的孟子句式。

二、《大学》文本的几个关节点

上面是从《大学》的喊话对象亦即其接受主体的角度来勘定其时代与作者,下面再从具体内容的角度来澄清其文本思想的几个关节点。这也就是对《大学》思想逻辑与义理规模的讨论。当然在这方面,前人已经讨论得非常多了。但在前人的讨论中,像程颐所谓"孔子之言,而曾子述之"之类的臆测性概括太多,除了凸显《大学》的神圣性,反倒让人难以明了其中的义理规模。所以,我们这里将像中学生讨论课文一样来讨论《大学》文本中的几个关节点。

其实关于《大学》文本,前人所谓的三纲领、八条目本身就可以说是一种划分。但我们这里必须借助《大学》文本的概念及其展开次第,作出一种带有思想介绍性的划分。从这个角度来看,整个《大学》文本可以划分为五个部分。

(1)第1段所提出的三纲领就可以说是整个《大学》的总纲,也是全文的根本目标所在。

(2)第2至第8段则为《大学》的第二层,以总论三纲领、八条目及其一般关系,而三纲领与八条目之间又是纵向立体的价值优先与逻辑前提的关系。就是说,三纲领属于超越的原则,八条目则属于对三纲领进行具体落实的节目次第;而在八条目之间,则基本上属于时间系列中之先后次第的关系。至于第8段所谓的"此谓知本,此谓知之至也"显然是对前面6段意思的一个总结、概括和再强调,而不应当像小程、朱子那样将第1至第7段看作一个整体,从而强行插入一个"补传"。因为这里的两个"此"显然都是紧承上文而言的,所以无论是从文气上看还是从行文逻辑上看,都不容许将其划为另一部分。另外,既然作为"大学",那么自然要有"学";而这里的"学"首先就体现在一种能够分辨本末轻重、先后缓急之"智"上,所以说"知所先后,则近道矣"。

(3)第9至第15段则为《大学》的第三层,也是对八条目的展开,着重围绕格致诚正四环节进行论述。在这一部分,"慎独""诚意"始终居于首脑的地位,所以第9段一开始就集中讨论诚意和慎独的关系问题,并以"毋自欺"以及"诚于中,形于外"来作为二者的基本规定,这显然是就主体之内向省察的功夫而言的,自然也是整个格物致知说的逻辑前提与价值基础。至于第10段中的"如切如磋者,道学也。如琢如磨者,自修也",则显然是对从外向的格物致知再到建立在格物致知基础上的"实诚其意"之先后关系的论述。因为从总体上说,虽然诚意居于首脑的地位(第9段专门讨论诚意与慎独的关系就是证明),但那主要是将"毋自欺"的主体精神状态作为整个格物致知之前提基础而言的;而在"学"——实际格物致知的基础上达到"自修"的地步,则显然又是就诚意、慎独以及自谦精神的现实实现而言的,一如从"毋自欺"的"诚意"到"实诚其意"的关系一样。因此,无论是第11段的"君子贤其贤而亲其亲"、第12段的"克明峻德"之"自明"还是第13段的"日日新,又日新",都是就进学致知、进身修德的过程统一而言的。在这里,关键要理解诚意的两重含义及其关系,即作为格物致知之前提基础的慎独、诚意与建立在格物致知基础上并作为诚意、慎独之具体落实的"实诚其意"之间的区别,前者主要是一种价值与逻辑上的先在性、前提性关系,而后者则是一种在时空系列中的具体落实与具体实现的关系。也就是说,作为"毋自欺"——内向反省的诚意是整个格致诚正诸环节的前提基础,而具体的格物致知又是整个格致诚正四环节的具体入手;至于建立在格物致知基础上的"实诚其意",也就不仅仅是主观的"毋自欺",而是见之于客观过程并且实诚其意的具体表现了。

(4)第16至第18段则属于《大学》的第四层,主要是以修身为统领来说明齐家治国。如果说以"毋自欺"为特征的诚意是从形上超越的角度展开的,那么修身则完全是从形下的现实生活的领域展开的,但它同样是整个齐家治国乃至平天下的前提基础。所以在这一部分,《大学》不仅明确申明"身不修不可以齐其家"(第17段),而且还以"一家仁,一国兴仁;一家让,一国兴让;一人贪戾,一国作乱"(第18段)之正反两面的案例来说明修身是整个齐家治国的前提基础。也就是说,在修身与齐家治国之间,不仅存在着时间上的先后关系,而且仍然存在逻辑前提性的关系。

(5)第19至第26段则属于《大学》的最后一部分,主要讲治国与平天下的关系,但其出发点则是治国,尤其是人君的自修其德,仍然是整个治国平天下的前提基础,所以《大学》反复强调"上老老而民兴孝,上长长而民兴弟,上恤孤而民不倍"的"絜矩之道"。至于第22段的"德者本也,财者末也"、第23段的"惟命不于常"、第24段的"惟善以为宝"、第25段的"为臣之道"、第26段的"生财之道",无疑都是围绕着儒家的仁爱情怀与德治传统展开的。

这样一来,《大学》的三纲领与八条目之间也就具有了双重的对应关系:一方面,三纲领作为超越的原则统领着八条目;另一方面,三纲领又必然落实、体现在具体的八条目之环环相扣与层层递进的实现过程中。从八条目的角度看,所谓"明明德"首先落实在主体"毋自欺"的"慎独"与"诚意"上,而"亲民"落实在人君"自修其德"之"修身"上;至于"止于至善",则必须以治国平天下为真正的落实指向。所以说,所谓三纲领并不是空头的纲领和原则,而是以"慎独""诚意"(这完全是一种内外关系,内在的"慎独"必然表现为外在的"诚意")以及"修身""平天下"为其具体落实与实现指向的。如果我们这样来理解《大学》的基本线索与工夫次第,那么"诚意""修身"与"平天下"就正好构成了整个《大学》之动态过程的三个关节点,当然也就是儒家内圣外王之道——从内在之诚意（个体）到外在之修身（自天子以至于庶人）再到治国平天下（天子）三个基本环节的统一；而这三个环节又正好对应着作为《大学》之三纲领的明明德、亲民与止于至善。"诚意"代表着明明德的个体化落实，"修身"则是对"自天子以至于庶人，壹是皆以修身为本"的落实，当然也是天子"亲民"的前提基础；至于"平天下"，则既是人君的政治理想，同时也是整个社会"止于至善"的前进方向。如此一来，《大学》就成为一个浑然贯通、首尾照应的整体，从而真正成为儒家修齐治平、内圣外王之道的实践纲领。

三、《大学》的思想谱系与精神指向

当我们对《大学》文本的思想关节点作出如此划分时，其所属的思想谱系也就一目了然了，这就是思孟学派所一贯坚持的内圣外王之道，也属于儒家心性之学的思想谱系。这一谱系以人之内在"明德"为体，而以"亲民"为用；至于"止于至善"，则属于体用精神之大用发皇的终极指向了。

但在这种内圣外王一以贯之的思想谱系中，本末先后则是思孟学派一个非常重要的方法论原则，所以《大学》首先就要强调"物有本末，事有终始。知所先后，则近道矣"。在这里，所谓"本末""终始"与"先后"，与其说是一个"知"的问题，不如说是一个"智"的问题。因为如果说是"知"，这里并没有"知"的具体内容；只有"智"或"明智"，才既对应着"学"的心态，同时又能对我们所面对的世界作出一种轻重缓急与本末先后的划分。这既是儒家面对世界的基本心态，同时也对应着《中庸》所谓的"明则诚矣"。

所以，一当这种明智的心态落实于个体（自天子以至于庶人），便必然会表现为"慎独"与"诚意"的一体化：慎独自然是内向的自我审察，而诚意则是慎独的外在表现。这样一来，"慎独"与"诚意"的一体化也就将为学之本末先后落实为个体之内外并举的世界了。这样，整个"大学"的世界就以格物致知的方式展开；而由格量于物到致我之知，也就成为个体世界确立的基础。由此以往，通过格致诚正四环节的推进，一个个体之澄明世界也就得以确立。这又成为一个"因诚发明"之"诚则明矣"的过程。

由个体指向族群，所以"修身"就成为外王世界的出发点；而由"修身""齐家"以至于"治国平天下"，其展开的逻辑也就是孟子所谓的"老吾老以及人之老，幼吾幼以及人之幼"（《孟子·梁惠王上》）的过程。由此以往，所谓"一家仁，一国兴仁；一家让，一国兴让；一人贪戾，一国作乱"都是在同一逻辑下展开的;至于"断断兮无他技"的"为臣之道"以及所谓"德者本也,财者末也"的"生财之道",都是对儒家本末世界的再强调。显然,这都是就治国平天下过程中的具体事为而言的。

这样看来,从内在之"明德"出发,通过"亲民"以指向"止于至善"的世界,这就是在诸侯、天子层面所表现出来的内圣外王世界。而通过"慎独""诚意"以指向格致诚正,并通过格致诚正以指向内在德性与外在以德治国的世界,则既代表着个体之内外在世界的统一,同时也是一个自由个体与群体意志相统一的世界。

四、程颐的"改本"与朱子"补传"的时代意义

当我们一以古本《大学》为归时,也就等于将以程朱为代表的今本《大学》推上了被告席。从对儒家经典的理解而言,既然《大学》形成于秦统一之前,那么它在我们理解先秦儒学之思想与义理规模方面自然有其不可替代的意义。从这个角度看,以程朱为代表的今本《大学》无疑是不可取的。因为它毕竟是以宋代儒者的理解取代了先秦儒学原有的思想规模。从对经典之尊重出发,我们自然应当就古本《大学》来理解"大学",并通过它来理解先秦儒学的基本精神。从这个意义上说,经典之所以是经典,首先就在于它的历史性,在于它凝结着历史的智慧。

不过,虽然我们在对《大学》的理解上一以古本《大学》为归,但这并不意味着我们就一定要完全否定程朱之今本《大学》的意义,因为程朱之改本毕竟还有着程朱时代的意义。只要我们能够准确地分辨二者的关系,那么无论是《礼记》中的古本《大学》还是程朱的今本《大学》,都可以从儒学的历史发展中获得其各自的意义。

由于以程朱为代表的今本《大学》始于二程而又定型于朱子,因而要了解其基本观点,主要也就在于了解其"改动"本身。如前所述,程颢、程颐都有《大学》改本,但如果从朱子以及今本《大学》之形成的角度看,则只有程颐与朱子的继起性改动维持着某种一贯性,且只有如此,才发展成影响深远的今本《大学》,所以我们这里只分析由程颐、朱子之改动所形成的今本《大学》;又由于这一改动形成了宋明理学中的一种新方向,所以我们这里主要分析这一新方向的形成,而不再对其具体改动内容进行所谓不分巨细高低之锱铢必较的分析。

程颐对《大学》的改动主要集中在两个方面:其一认为《大学》中的"在亲

民"应当训为"作新民",这就包含着对《大学》之诠释方向的某种改变;其二则是强化或突出"格物致知"之外向认知的意义。程颐的这一诠释也许与其一生致力于乡村讲学的生涯分不开,开启了宋代理学一个新的研究方向。不过,由于今本《大学》之完成主要是通过朱子对《大学》之"划分""调整"与"补传"实现的,所以其改动的特色主要就体现在朱子如上三步的调整中。又由于经、传的划分本身并不改变《大学》的原有结构,因而今本《大学》的特点主要体现在朱子的"调整"和"补传"中。

所谓调整,就是将《大学》原来所引的《诗》《书》内容根据其含义进行拣择,并依据三纲八目的次序需要重新予以排列,并在其总论格物致知的"补传"之前强调"知本",之后再展开关于"诚意""慎独"的论述。这样一来,朱子也就等于是将格物致知确定为《大学》之不可易移的基本出发点了。在朱子看来,他之所以要进行这样的调整,主要在于他认为原文"有错简",所以才"因程子所定,而更考经文,别为序次";至于"补传",当然也是"窃取程子之意,以补之":

> 所谓致知在格物者,言欲致吾之知,在即物而穷其理也。盖人心之灵莫不有知,而天下之物莫不有理,惟于理有未穷,故其知有不尽也。是以《大学》始教,必使学者即凡天下之物,莫不因其已知之理而益穷之,以求至乎其极。至于用力之久,而一旦豁然贯通焉,则众物之表里精粗无不到,而吾心之全体大用无不明矣。此谓物格,此谓知之至也。①

经过朱子这样一调、一补之后,《大学》也就具有了严格的以格物致知为基本入手之认知纲领的性质了。

首先,从"经"来看,这固然是《大学》的原文,也是《大学》的原有次序,但由于朱子认为这是"孔子之言,而曾子述之",因而也就具有了绝对不容怀疑的性质;同时,又由于其后面还带有"调整"和"补充"性质的诠释,因而其作为"经"之方向与内容一下子就显得非常充实了。其次,由于《诗》《书》的内容本身就有含糊而不确定的一面,朱子则根据其对《诗》《书》内容与含义的甄别,一一进行重新排列,并分别填充于"三纲八目"之后,这就大大强化了"三纲八目"次序的不可易移性,从而使得"三纲八目"成为一个环环相扣、步步递进的阶梯。最后,由于朱子认为他是根据"程子之意"所作的"补传",同时又以《大学》原来的"知本"与"知之至"作为格物致知的基本前提,因而所谓格物致知也就成为整

---

① 朱熹.大学章句[M]//朱熹.四书章句集注.北京:中华书局,1983:6-7.

个修齐治平之道绝对不可易移的初始和入手了；而《大学》原有的诚意、慎独方面的内容，如果说不存在虚化或弱化的处理，那么也就必须建立在格物致知的基础上，并试图通过所谓格物致知的方式来达到慎独、诚意的目的，这就将"八条目"编织成一个从格致诚正到修齐治平之环环相扣的动态与线性过程了。这样一来，《大学》就成为一个由三纲领、八条目所构成的层层衔接、环环相扣的整体。

之所以如此评价朱子对《大学》的改造，是因为《大学》原来从"明明德"到"诚意""慎独"等方面的内容也是一线相连的关系，而且其在总体上构成了一个内向反省的指向，但对于这些方面的内容，朱子则不仅是将其编织到格致诚正的具体过程中加以诠释，而且也是将其落实到从知善知恶到为善去恶之道德实践的过程中加以说明的。比如朱子对"诚意"的诠释是："欲自修者，知为善以去其恶，则当实用其力，而禁止其自欺，使其恶恶则如恶恶臭，好善则如好好色，皆务决去而求必得之，以自快足于己，不可徒苟且以徇外而为人也。然其实与不实，盖有他人所不及知而己独知之者，故必谨之于此，以审其几焉。"经过朱子这样一番诠释之后，一方面，"诚意""慎独"就必须建立在格物致知的基础上，因为当朱子对其仅仅从认知到见于外在之道德实践的角度加以说明时，它就必然要建立在格物致知——所谓道德认知与道德自觉的基础上；另一方面，这些条目本身也确实包含着以为善去恶之道德实践作为诚意、慎独之具体落实的意向。这样一来，《大学》原有的内向反省指向——所谓慎独、诚意就被朱子以虚化或弱化的方式处理了，不仅去掉了其内向性的指向，而且也确实弱化了道德反省的要求，以所谓"实用其力""为善去恶""以审其几"这种认知过程中的"诚""实""几"置换了"诚意""慎独"本身所必然包括之内向反省的要求。

朱子对《大学》的这一"改造"，就其主观而言，当然不是要故意扭曲儒家经典的原意，他确实是在忠实地发掘《大学》之原意的。只是从他的哲学视野出发，他所能看到的"客观含义"就是如此。不过，程朱的这一"改正"毕竟改变了《大学》原有的思想内涵；从经典含义的客观性出发，这种"改正"扭曲了经典的原有含义。

但程朱对《大学》的"改正"又有其极为积极的一面，这就在于其适应时代变迁而推陈出新。首先，宋代不仅与战国相距一千多年，而且经过唐末五代农民战争对世家大族的打击，几乎成为一个全由中小地主所组成的"平民社会"了，并且由于经济的发展、文治社会的稳定而又出现了大量的读书人，程朱突出认知关怀的今本《大学》恰恰满足了这些新出现的读书人的要求。

其次,这些读书人除了通过科举考试以进入官僚队伍之外,他们又将从何而谋生呢?应当说程颐一生乡间讲学的经历,也就为新崛起的读书人提供了一种可能的选择。因而,从普通读书人之外向认知的立场出发,对于程朱之今本《大学》来说,这就是其最为成功的一面,也是其能够成为宋元以降官民双方共同认可之国家意识形态的根本原因。

所以,虽然程朱"改正"的今本《大学》并不符合其原有含义,但今本《大学》却仍然具有适应时代需求方面的积极意义;而这一适应也就在于其将《中庸》立足于个体之发心动念的未发已发说扭转到宇宙生化之体用关系的角度来理解,并落实到《大学》的格物致知与读书穷理系统中。《中庸》要解决道德理性的个体落实问题,而《大学》尤其是经过程朱"改正"的《大学》,则显然既要解决个体之诚意、修身的问题,同时还要试图从个体之格物致知、读书穷理的道问学角度出发来追求社会群体的普遍认同,并将这一认同落实到社会群体之修齐治平的实践追求中,以彻底解决儒家的现实关怀问题。这可以说是程朱"改正"的今本《大学》及其在适应时代方面最大的现实意义,也是其能够成为宋元以降官民双方共同认可之国家意识形态的根本原因。

第四章 《大学》历代研究

《大学》作为《礼记》中的一篇，在唐代以前因《礼记》而受到关注。北宋道学兴起后，《大学》从《礼记》中被单列出来，成为"四书"之首，影响较大。后世儒者对于《大学》多有注解和诠释，其研究主题有：其一，《大学》的版本问题；其二，如何理解三纲领、八条目及其关系，亦即《大学》诠释的思想、义理问题；其三，《大学》的作者与学派归属问题。① 根据本书的篇章安排，第一和第三个问题已单独成章进行讨论，因此，本章所谓"历代研究"的主要内容为历代儒者对《大学》思想、义理的诠释研究。

关于历代《大学》思想、义理的诠释主要集中在如何理解三纲领、八条目及其关系上。后世儒家学者对此多有阐发，以"格物"为例，刘宗周指出："格物之说，古今聚讼有七十二家，约之亦不过数说。"②从《大学》诠释史来看，改本、注本众多，义理诠释方向亦不尽相同。在不同的思潮中，历代《大学》的思想诠释又表现出不同的特色。因此，本章以《大学》诠释史为线索，梳理不同时代具有代表性的诠释研究，以期动态地展现《大学》历代研究。

一、汉唐之际：郑注孔疏

在《大学》的诠释史中，《礼记》本《大学》最早受到人们的关注，主要是将其作为《礼记》的构成部分进行注解。《礼记》又称《小戴记》或《小戴礼记》，是儒家的经典之一。关于《礼记》的作者问题，郑玄在《六艺论》中说："戴德传《记》八十五篇，则《大戴礼》是也。戴圣传《礼》四十九篇，则此《礼记》是也。"③《礼

---

① 陈群.明清之际《大学》诠释研究[M].北京：科学出版社，2017：9.
② 刘宗周.大学杂言[M]//刘宗周.刘宗周全集：第1册.杭州：浙江古籍出版社，2007：618.
③ 郑玄，注.孔颖达，疏.礼记正义：上[M].上海：上海古籍出版社，2008：4.

记》本《大学》最早的注解是由东汉经学家郑玄完成的。郑玄融合今古文之学，以古文为宗，兼采今学之益，使经注广行天下。《礼记》因郑注而脱离《礼经》成为独传，与《周礼》《仪礼》并称"三礼"。至唐代贞观年间，孔颖达撰《礼记正义》七十卷，孔氏宗郑玄之学，并使郑注得传。《礼记正义》的颁订，也使得《礼记》被列为"经书"，并且形成了唐代《礼记》于"三礼"中独盛的局面。

　　从《礼记》本《大学》来看，孔颖达在经义方面主要承接郑玄注解。郑玄认为《大学》的文本主旨在于："《大学》者，以其记博学可以为政也。"① 孔颖达承接此意，并加以解释说："此《大学》之篇，论学成之事，能治其国，章明其德于天下，却本明德所由，先从诚意为始。"② 郑玄注与孔颖达疏都认为《大学》是一篇政治思想文献，而其修身之工夫次第自"诚意"始，统摄"格物致知"于诚意工夫而展开。郑玄与孔颖达对《大学》的基本定位可以显现出与四书本《大学》的根本差异。朱子将"大学"诠释为"大人之学"，郑玄则将"大学"诠释为"太学"。显然，前者是指成德之学问，后者是指成德之场所——学宫。郑玄的这一诠释无疑是将《大学》作为面对"太学"所作出的一篇通论，而通论的主题就是"以礼为本"，即"太学"所学为"治国平天下之道"，其事皆落在"以礼为本"。李纪祥先生将其概括为："'以礼为本'下的'大学'与'大学之道'，便是《大学》中所述'止于至善'的关怀，而如何可以自'治国者/为人君'的位阶达到此一关怀理想之道的实践，郑玄的理解系认为必须要自'大学如何可以博学为政'来思考。对郑玄而言，'为政'是指治国治天下，'大学'是指'学宫'，故是一专门教授世子学习'为人君/治国平天下'的学问之场所，其所学即是在天子、诸侯之'博学可以为政'。'博学'是由为人君的位阶向外推拓，期能将明明德外推外治时达于'止于至善'之目标，然此尚不能有'本'，尚不能明作为'为人君'位阶上的'明德'如何才能够与外推的'至善/天下'相联系且互为保证，故阐释其'本'，作为其'本'者当然是'礼'，但作为其本的'礼'，又是什么呢？于是，'自天子以至于庶人壹是皆以修身为本'的语言便交代了惟有人君之自能'明明德'，才能为民之典范，而风化天下，令天下归一。要之，在'为人君'的位阶上者，必须要先要求自己，先自自己做起，方能外推于天下，这也就是'太学'所以要教导世子在此所学习

---

① 郑玄,注.孔颖达,疏.礼记正义:下[M].上海:上海古籍出版社,2008:2236.
② 郑玄,注.孔颖达,疏.礼记正义:下[M].上海:上海古籍出版社,2008:2236.

的。"①郑玄注解《大学》"欲诚其意者,先致其知。致知在格物",以"知善恶吉凶"之"知"为说,解释其义为"知事之善恶"且"知深则善深"。郑玄注云:"格,来也。物,犹事也。其知于善深则来善物,其知于恶深则来恶物,言事缘人所好来也。此'致'或为'至'。"②可见,郑玄以"至知"解"致知",而"致知"则在能知善恶,能知善恶则可以"至知",可以"至知"则"事之善恶缘人所好而来"。从郑玄的理解可以看出,"致知"的方式落在知善、行善上,从而达致止于至善,而这一切的根本又在于"诚意"。因此,郑注、孔疏的《礼记》本《大学》通过字句的注疏,在文本大意方面揭示了《大学》作为儒家经典的政治思想,旨在说明如何以诚意为本,由修身实现齐家治国平天下。修身、诚意也因此成为其核心观念。

因此,在《礼记》本《大学》的注解中主要通过"诚意"对《大学》全文作注解,郑氏注多于解,对基本概念并未作进一步区分。孔颖达在郑注的基础上作了进一步的补充,主要集中在对《大学》字词的训诂上,由此解释其义。值得注意的是,郑玄在汉代礼学的诠释视域下,侧重于德性的规范,强调外在伦理道德的约束,而非内在的心性修养。具体来看,集中在《礼记》本《大学》开篇文字"大学之道,在明明德,在亲民,在止于至善"的注解上,郑玄对《大学》首句的注解并未阐明大学之道与"三在"的关系,而孔颖达将"三在"解释为"三事"。孔颖达《礼记正义》曰:"'在明明德'者,言大学之道,在于章明己之光明之德。谓身有明德,而更章显之,此其一也。'在亲民'者,言大学之道,在于亲爱于民,是其二也。'在止于至善'者,言大学之道,在止处于至善之行,此其三也。言大学之道,在于此三事矣。"③足以见得,不论是郑玄还是孔颖达都没有后来朱子所谓"三纲领"的概念,孔颖达将其理解为"三在",又称"三事",意在揭示"大学之道"与"明明德""亲民""止于至善"的关系,以此确立"大学之道"的方向。孔颖达在《礼记正义》中对《大学》的篇旨有如下概括:"此《大学》之篇,论学成之事,能治其国,章明其德于天下,却本明德所由,先从诚意为始。"④所以,郑玄与孔颖达在对《大学》思想的诠释中都以诚意为本,指向由修身而始的治国平天下的王道。

---

① 李纪祥.《四书》本《大学》与《礼记·大学》:两种文本的比较[J].文史哲,2016(4):39.
② 郑玄,注.孔颖达,疏.礼记正义:下[M].上海:上海古籍出版社,2008:2237.
③ 郑玄,注.孔颖达,疏.礼记正义:下[M].上海:上海古籍出版社,2008:2240.
④ 郑玄,注.孔颖达,疏.礼记正义:下[M].上海:上海古籍出版社,2008:983.

郑玄注和孔颖达疏在宋代以前的《大学》研究中是最为重要的两个本子,成为后世各种《大学》注本、改本的底本。到了唐代中晚期,韩愈推尊《大学》,实开宋儒重视"四书"之端。韩愈对《大学》思想有所阐发,但就其侧重点而言,则主要在于借助《大学》思想来批评佛教。在《原道》中,他将其从《礼记》中特别抽出,指出:"《传》曰:'古之欲明明德于天下者,先治其国;欲治其国者,先齐其家;欲齐其家者,先修其身;欲修其身者,先正其心;欲正其心者,先诚其意。'然则古之所谓正心而诚意者,将以有为也。今也欲治其心,而外天下国家,灭其天常。子焉而不父其父,臣焉而不君其君,民焉而不事其事。"①韩愈在这里以儒家的日用伦常的现世关怀批判佛教。陈寅恪先生概括说:"退之首先发现《小戴礼记》中《大学》一篇,阐明其说,抽象之心性与具体之政治社会组织可以融会无碍,即尽量谈心说性,兼能济世安民,虽相反而实相成,天竺为体,华夏为用,退之于此以奠定后来新儒学之基础。"②韩愈正是在辟佛排老的过程中,以《大学》的思想资源重新确立日用伦常、事君事父的儒家人伦之道。其后李翱在《复性书》中发挥《大学》"致知在格物"的思想,将其解释为"物至之时,其心昭昭然明辨焉,而不应于物者,是致知也,是知之至也"③。而其对《大学》的理解主要集中在心性论与工夫论方面,强调修身之本。韩愈和李翱对《大学》的诠释表现出《礼记》本《大学》向四书本《大学》的转向,为宋代《大学》的发展奠定了诠释方向,开启了宋儒诠释《大学》的新局面。正如朱汉民、肖永明先生所说:"韩愈、李翱等儒家学者对《大学》《中庸》《论语》《孟子》的关注与重视表明,儒家在排斥佛道之学的过程中,已意识到建构自身理论体系的重要性,并进行了新的儒学体系建构的初步尝试。为此,他们一方面挖掘传统儒家经典中的理论资源,另一方面又试图在传统的《五经》之外重新选择、发现新的思想资源。这实际上已成为宋代理学与《四书》学崛起的前奏与铺垫。"④

二、北宋时期:程颢、程颐

进入北宋时期,随着宋明儒学的兴起,儒家学者开始重视经典诠释,儒学经

---

① 韩愈.原道[M]//韩愈.韩愈文集汇校笺注.刘真伦,岳珍,校注.北京:中华书局,2010:2.
② 陈寅恪.论韩愈[M]//陈寅恪.金明馆丛稿初编.上海:上海古籍出版社,1980:288.
③ 李翱.《复性书》中[M]//李翱.李文公集.上海:上海古籍出版社,1993:9.
④ 朱汉民,肖永明.宋代《四书》学与理学[M].北京:中华书局,2009:44.

典诠释的重心由五经转向四书,《大学》《论语》《孟子》《中庸》的经典地位超越群经,成为学者理解和诠释其他经典文本的基础。《大学》在南宋被朱熹列为"四书"之首,对后世产生了重要影响。从宋代的社会历史条件来看,儒家经典诠释由五经系统转向四书系统有其必然性。宋朝经历唐末五代的战乱后,建立起一个由中小地主所构成的平民社会。加之宋王朝重视文治国策,为科举制度的普及、印刷术的出现以及士人阶层的崛起提供了条件。如此一来,儒家治国安邦的诉求也就由原来的诸侯皇权转向新崛起的士人阶层。而这一转向典型地表现在适应新时代、新士人群体需求的四书系统上,尤其表现在对《大学》今古本的不同择取与今本《大学》的形成上。

宋初《大学》便受到重视,"时李成之子挺之,东方大儒也,权共城县令,一见康节心相契,授以《大学》"①。"至少从景德四年(1007)开始,《大学》、《中庸》已成为经筵进讲的专经。"②朱彝尊认为,《大学》专门的研究始自司马光,司马光著有《大学广义》一卷(今已亡佚),自此《大学》开始单行于世。二程兄弟也开始大力表彰和阐发《大学》,掀起儒家学者重视《大学》的高潮,其中二程对《大学》的诠释最为重要。二程极力推崇《大学》,如程颐说:"入德之门,无如《大学》。今之学者,赖有此一篇书存,其他莫如《论》、《孟》。"③二程对《大学》的表彰与诠释主要有两个方面:首先,在《大学》诠释史上首次提出《大学》乃孔子遗书,由此将《大学》提升到圣人之道的载体地位,使《大学》具有了单独存在的权威性和合法性,这为《大学》地位的提升提供了重要的保障。④ 其次,二程对《大学》中的章句顺序根据自己的理解进行了改动,意图在于恢复圣人原意,由此形成了《大学》改本,并开《大学》改本之先河。改动的结果,我们今天可以从《明道先生改正大学》和《伊川先生改正大学》中窥见一斑。二程关于《大学》的著述,主要保留在《程氏遗书》《程氏外书》《程氏粹言》中,包括《明道先生改正大学》和《伊川先生改正大学》各一篇。

---

① 邵伯温.邵氏闻见录[M].李剑雄,刘德权,点校.北京:中华书局,1983:194.
② 束景南,王晓华.四书升格运动与宋代四书学的兴起:汉学向宋学转型的经典诠释历程[J].历史研究,2007(5):85.
③ 程颢,程颐.《河南程氏遗书》卷二十二上[M]//程颢,程颐.二程集.王孝鱼,点校.北京:中华书局,2004:277.
④ 姜海军.二程对《大学》的表彰和阐发[J].信阳师范学院学报(哲学社会科学版),2007(4):110-113.

二程对《大学》的诠释实现了由《礼记》古本《大学》向四书今本《大学》的转向。宋儒对儒家经典的诠释进路不同于汉唐儒,汉唐儒注重从章句训诂、文献考据方面注解经典,而宋儒则强调义理解经、推明大意。宋儒的诠释方式是在反思汉唐儒烦琐、支离解经的基础上形成的,并且在理学的诠释视域下,《大学》由先前注重章句训诂的《礼记》古本《大学》,转向强调义理解经的四书今本《大学》。二程对《大学》的诠释正是这一转向的开端。总体来看,二程的阐释主要有两方面的特点:其一,从天理本体的角度解释明德,明明德即明理。通过高扬"天理",二程确立了儒家的天道本体,"理"因此成为天地万物存在的客观依据和价值准则。在"体用一源,显微无间"的体用关系架构下,二程展开的天道性命相贯通就表现为"一本"特征,即天理、性、命的一体贯通,而此一体贯通之源在"天理"。程颢认为大道本体即是生生之易,无声无臭,所谓易、道、神、性皆是作为生生之源的"天理"而展开。可见,天人一体、一贯、一本,是一于"天理"。在"天理"内在贯通于本己的诠释视域中,《大学》开篇所谓的"明明德"即是明其天理、循其天理,"天理"自此成为修德自新而成圣止善的本体依据。因此,强调《大学》三纲领、八条目的内在一惯性,即把内心的道德修养和外在的政治实践融合为一,实现内圣外王的贯通。其二,以"格物"作为《大学》的核心,并以穷理解释格物。[①]"格物"与"致知"作为《大学》的条目,程颐将其演绎为"心理为一"的重要工夫路径。在他看来,"格物致知"是进德修业的入手处。因为"'致知在格物',非由外铄我也,我固有之也。因物有迁,迷而不知,则天理灭矣,故圣人欲格之"[②]。外物纷扰常为人所累,使人迷而不知,天理因此受到遮蔽而不明,所以圣人教人"格物"。那么,格物何以致知而明理?从具体工夫方法来看,程颐将格物视为穷理,作为致知的方法而达致心与理为一。他将"格"训为"至",意即"穷至物理"。所以在程颐的语境中,"格物"与"穷理"是可以互通互训的。对于"穷理",由于其主张"天下只有一个理",又说"内外一理",所以穷理的对象遍及天下万物:"穷理亦多端:或读书,讲明义理;或论古今人物,别其是非;或应接事物而处其当,皆穷理也。"[③]穷理范围广涉人伦、物理等,如此一

[①] 陈群. 明清之际《大学》诠释研究[M]. 北京:科学出版社,2017:19.
[②] 程颢,程颐.《河南程氏遗书》卷二十五[M]//程颢,程颐. 二程集. 王孝鱼,点校. 北京:中华书局,2004:316.
[③] 程颢,程颐.《河南程氏遗书》卷十八[M]//程颢,程颐. 二程集. 王孝鱼,点校. 北京:中华书局,2004:188.

来,格物穷理似乎也就不外乎"观己"与"察物"两个面向,但当有学生做此总结时,程颐又以"不必如此说"来驳正:"'不必如此说。物我一理,才明彼即晓此,合内外之道也。语其大,至天地之高厚;语其小,至一物之所以然,学者皆当理会。'又问:'致知,先求之四端,如何?'曰:'求之性情,固是切于身,然一草一木皆有理,须是察。'"①人们通常对于程颐格物穷理的困惑在于:为什么主张"致知"是德性之知的获得,却又要通过外物的"格物"来实现?这一困惑的实质是知识与道德的张力。但从程颐的上述回答来看,我们似乎看不到他对于此问题的忧虑,反而他前面所言的"物我一理,才明彼即晓此,合内外之道也"提示我们,在程颐天理普遍落实的基础上,格物就不仅限于"性中分物",通过格"外物"之理,同样可以达到"察己"效果,因为在万事万物上所显发之理与自身所具有的天理具有同一性,此同一性是性命论问题,而非知识论问题。这也就是程颐所谓的"合内外之道也""然一草一木皆有理,须是察"。在此意义上理解格物穷理以致知,便是通过"心与理一"的工夫实现对气禀的克治。因此,"格物致知"既是下学上达的成德之工夫,也是"天理"在道德工夫实践中的落实。可以说,二程诠释《大学》的方向为后来宋明儒所秉承。

如果说,二程对《大学》的诠释是儒家经典理学化的开始,那么,其兄弟各自对《大学》的不同阐释,则开辟了宋代《大学》诠释的两条进路。我们可以从程颢、程颐的具体看法中进行比照理解。在三纲八目解释次序的改动方面:程颢将"《康诰》曰:'克明德。'……为人子,止于孝;为人父,止于慈;与国人交,止于信"放到第一章的后面,此章原文为:"大学之道,在明明德,在亲民,在止于至善。知止而后有定,定而后能静,静而后能安,安而后能虑,虑而后能得。物有本末,事有终始。知所先后,则近道矣。"程颢以三纲领—解释三纲领的结构方式,将具有权威性的《诗》、《书》、汤之《盘铭》中的引文置于其后,以此突出三纲领的重要性,强调儒学内圣修身的重要性。而程颐则将引文放在了"其所厚者薄,而其所薄者厚,未之有也"之后,这一段包含了《大学》三纲领与八条目的完整结构。因此,这样一种结构是一个修己治人、内圣外王相贯通的伦理、政治模式,是一个有机的整体,在不同改动的背后有不同的诠释方向作为支撑。由此可以看出,在程颢对《大学》的"改正"中,由于他将其中所引之《诗》《书》的内容

---

① 程颢,程颐.《河南程氏遗书》卷十八[M]//程颢,程颐.二程集.王孝鱼,点校.北京:中华书局,2004:193.

全然用来说明"明明德",因而突出了"明德"的内在性;同时,由于其对"明明德"的突出,所以以下的内容事实上也就全然集中在"诚意"上了。如此一来,从对"明德"的内在蕴涵的强调到对"诚意"之外向扩充的强调,就全然以主体道德实践的方式连成了一线,《大学》由此也就成为一个从自明其明德到扩充其诚意之善的主体道德修养的实践纲领了。① 而在程颐的改本中,他将大程原来上调的三段一律置于格物致知说之后,这就明显地突出了格物致知的地位,从而也就在一定程度上淡化了慎独、诚意的作用,或者说他是将慎独、诚意直接置于格物致知的基础上了。这样一来,《大学》实际上就成为一个以突出格物穷理或者说以格物致知为基础的认知性纲领。由此可以看出,二程虽然都重视《大学》,但在《大学》的诠释方向与重心上却存在明显的差异。而这一差异的表现,后来由林之奇与朱熹所分别继承,林之奇所继承的程颢之模式并未受到后世关注,而朱熹依循程颐的改本模式,则成为宋代《大学》研究的典范。

据《经义考》载,二程之后,还有吕大临《大学解》、苏总龟《大学解》、萧欲仁《大学篇》、张九成《大学说》等,多数亡佚。

三、南宋时期:朱熹

《大学》在南宋时期受到更多士人的重视。诸如东南三贤、陆象山、永康与永嘉学派都重视对《大学》的研究。当然,最重要的诠释者无疑是朱熹。朱子特别重视《大学》,他说:"学问须以《大学》为先,次《论语》,次《孟子》,次《中庸》。"②在此认识基础上,朱熹重新编订《大学》,为《大学》作序言,相较于《礼记》本《大学》,朱子改订的四书本《大学》主要有三个方面的调整:将古本《大学》分经、传两部分;根据《诗》《书》的内涵重新编订次序,形成对三纲八目的解释;由于古本《大学》中未对"格物""致知"作解释,朱子另作补传。这三方面的调整涉及《大学》的作者、思想义理与版本次序的问题,既是朱子对《礼记》本《大学》诸多问题的重新诠释,也是朱子建构其哲学理论体系的总纲。因此,经过朱子这一改变后,《大学》成为一个系统的从个体之格致诚正到关乎天下国家之修齐治平的纲领,从而使朱子将其列为"四书"之首。

---

① 丁为祥.《大学》今古本辨正[J].陕西师范大学学报(哲学社会科学版),2011(4):77-91.

② 朱熹.《朱子语类》卷十四[M]//朱熹.朱子全书:第14册.朱杰人,严佐之,刘永翔,主编.上海:上海古籍出版社;合肥:安徽教育出版社,2002:419.

朱子对《大学》的诠释主要围绕其对《礼记》本《大学》的修改与调整，因此，我们对朱子《大学》思想的诠释也主要随其所作调整展开。首先，从朱子将古本《大学》分经、传两部分来看。朱子依循二程对《大学》结构的划分，将改本《大学》分经为一章，传为十章。经、传之划分虽然并未改变古本《大学》的原有结构，却通过这种划分实现了对经的详尽注解。除此之外，朱子将经、传的作者与其所构成的"道统"相关联，认为："孔子之言，而曾子述之。"根据李纪祥先生的考证，朱子试图从经、传作者与《大学》文意的关系，构筑儒家道统："首先，'三纲'与'八目'都出现在'经'，因此，三纲八目是孔子的遗言与遗文。其次，经的部分为孔子所述，曾子所记；传的部分则是曾子所述，门人所记。'传'的文本孰记之，在朱注部分未有明言，但在《或问》中却说得明白分了：门人是指子思！不仅如此，子思还以此一经传文本传授孟子。于是，《大学》一书便同时含括了四子，也造述出了一个源自孔子的道统与学统，它不仅是圣人孔子之遗书，也是'孔-孟'之书，更是'孔-曾-思-孟'的学统与道统之书。"①由此来看，朱子对《大学》经、传结构的划分，不仅奠定了《大学》诠释的基本方向，也发挥着《大学》作为儒家道统与学统相统一的纲领性作用。

朱子《大学》改本中经一章的内容是全文的纲领，而三纲八目作为经一章的内在结构，朱子的相关诠释就显得尤为重要。就三纲领而言，朱子认为其"言明明德、新民，皆当至于至善之地而不迁"②"欲明德而新民者，诚能求必至是而不容其少有过不及之差焉，则其所以去人欲而复天理者，无毫发之遗恨矣"③。可见，朱子以止于至善作为明明德、新民的指向与标准。而就"明明德"与"新民"的关系而言，首先要看朱子如何解释"明明德"与"新民"："明，明之也。明德者，人之所得乎天，而虚灵不昧，以具众理而应万事者也。但为气禀所拘，人欲所蔽，则有时而昏，然其本体之明，则有未尝息者。故学者当因其所发而遂明之，以复其初也。"④朱子对"明明德"的解释较为复杂，他认为明德是人之为人的根据，但人生而"为气禀所拘"，因此需要做"明明德"的工夫，使得人人复归

---

① 李纪祥.《四书》本《大学》与《礼记·大学》：两种文本的比较[J].文史哲，2016(4)：31.

② 朱熹.大学章句[M]//朱熹.四书章句集注.北京：中华书局，1983：3.

③ 朱熹.大学或问[M]//朱熹.四书或问.上海：上海古籍出版社；合肥：安徽教育出版社，2001：5.

④ 朱熹.大学章句[M]//朱熹.四书章句集注.北京：中华书局，1983：3.

其本。朱子在这里一方面从性的方面将"明德"解释为形而上的天理本体,以保证道德行为的必然性;另一方面,朱子从心性有别、心具众理的方面,将心理解为经验之心,而作为经验之心,则使得明德不仅作为本体存在,而且可以呈现出现象者。因此,朱子论"明明德"是从心、性两方面展开,就其主旨而言则是由工夫达致本体之复明。在此基础上,朱子将《礼记》本《大学》中的"亲民"改为"新民",其意在于:"新者,革其旧之谓也,言既自明其明德,又当推以及人,使之亦有以去其旧染之污也。"①可以看出,朱子对"新民"的解释与"明明德"有关,他认为,在自我实现明明德的同时,要以推己及人的方式实现新民之德。也就是说,"明明德"是实现"新民"的根据。与此同时,朱子改"亲"为"新",就其社会历史条件而言,主要是由宋代士大夫阶层崛起的历史条件所致。"新民"将教育对象由君王转向士大夫阶层,故"新民"有使人自新之意。三纲领的内在关系成为朱子所理解"大学之道"的总纲,在《大学》中意义重大。

朱子对"八条目"(格物、致知、诚意、正心、修身、齐家、治国、平天下)的讨论,首先是以"本末"的关系结构将齐家、治国、平天下统摄于修身。而在修身层面,又强调以"格物"为先。因此,在《大学》八条目的工夫次第中,始终以"格物"为前提。关于"格物",朱子的解释是:"格,至也。物,犹事也。穷至事物之理,欲其极处无不到也。"②简言之,朱子所谓"格物",是指即物而考究事物之理,以达到极致。朱子的"格物"说后来受到王阳明的批评,言其析心与理为二,外物以求理,最终导致"纵格得草木来,如何反来诚得自家意"。王阳明的批评提出了"格物"与"诚意"的关系问题。而朱子对此问题的看法可以从其对《大学》"诚意"的解释中看出,"欲自修者,知为善以去其恶,则当实用其力,而禁止其自欺,使其恶恶则如恶恶臭,好善则如好好色,皆务决去而求必得之,以自快足于己,不可徒苟且以徇外而为人也。然其实与不实,盖有他人所不及知而己独知之者,故必谨之于此,以审其几焉"③。通过朱子的诠释,一方面,"诚意""慎独"必须建立在格物致知的基础上,因为当朱子对"诚意"的理解是从认知到见于外在之道德实践的角度加以说明时,它就必然要通过格物致知而实现诚意;另一方面,这些条目本身也确实包含着以为善去恶之道德实践作为诚意、慎

---

① 朱熹.大学章句[M]//朱熹.四书章句集注.北京:中华书局,1983:3.
② 朱熹.大学章句[M]//朱熹.四书章句集注.北京:中华书局,1983:4.
③ 朱熹.大学章句[M]//朱熹.四书章句集注.北京:中华书局,1983:7.

独之具体落实的指向。因此,通过朱子的诠释,"格物致知"成为《大学》的首要工夫。而在八条目的关系之间,格物是诚意、慎独的源头工夫,只有格物方可诚意。朱子说:"须是先致知、格物,方始得。人莫不有知,但不能致其知耳。致其知者,自里面看出,推到无穷尽处;自外面看入来,推到无去处;方始得了,意方可诚。致知、格物是源头上工夫。看来知至便自心正,不用'诚意'两字也得。"①在朱子看来,致知以格物为工夫,而致知方能诚意,如此一来,格物成为致知、诚意的工夫之始。在八条目的工夫次第中,朱子一方面强调以"格物为先",但另一方面又未以格物替代其他工夫条目,即八条目各有其工夫。朱子说:"物既格,知既至,到这里方可着手下工夫。不是物格、知至了,下面许多一齐扫了。若如此,却不消说下面许多。看下面许多,节节有工夫。"②也就是说,肯定"格物"工夫的重要性,不是简单地说必须先做了格物致知的工夫,方去做诚意、正心、修身、齐家、治国与平天下的工夫。朱子所谓的"先"与"后"并非指时间序列上的先后关系,而是就逻辑、价值而言。这样一来,朱子将《大学》原有的内向反省指向——所谓慎独、诚意,转为在外在事物上认识、穷究事物之理的格物,就此改变了《大学》的诠释重心。就八条目的关系来看,以本末关系为统摄,即修身为齐家、治国、平天下的前提,正心为修身的前提,格物又为正心、诚意、致知的前提。皆为成德之工夫,却自有次第,须步步落实、节节做工夫。因此,在朱子看来,三纲八目是一以贯之的整体:由内到外、相互关联,以成德之宗旨统领成德之工夫,以成德之工夫上达"止于至善"之宗旨。

其次,从朱子根据《诗》《书》的内涵重新编订次序,形成对三纲八目的解释来看。由于《诗》《书》的内容本身就具有含糊而不确定的一面,朱子则根据其对《诗》《书》内容与含义的甄别——进行重新排列,并分别填充于"三纲八目"之后,这就强化了"三纲八目"次序的不可易移性,从而使得"三纲八目"成为一个环环相扣、步步递进的阶梯。以朱子编排解释"新民"章为例:"汤之《盘铭》曰:'苟日新,日日新,又日新。'"此段文字在古本《大学》中主要是就进学致知、进身修德的过程统一而言。朱子重新编排以解释"新民":"汤以人之洗濯其心以去恶,如沐浴其身以去垢,故铭其盘,言诚能一日有以涤其旧染之污而自

---

① 朱熹.《朱子语类》卷十四[M]//朱熹.朱子全书:第14册.朱杰人,严佐之,刘永翔,主编.上海:上海古籍出版社;合肥:安徽教育出版社,2002:483.
② 朱熹.《朱子语类》卷十六[M]//朱熹.朱子全书:第14册.朱杰人,严佐之,刘永翔,主编.上海:上海古籍出版社;合肥:安徽教育出版社,2002:515.

新,则当因其已新者,而日日新之,又日新之,不可略有间断也。"①这样一来,就呈现出不同的含义,转向日新其德而及于民,即通过推己及人的方式实现新民,其侧重点在于以德新民。诸如此类的次序编排,朱子按其理解都进行了严格意义的经、传互注互证,如此一来,一方面强化突出了三纲领、八条目的内在结构;另一方面,通过对传文次序的调整实现了对传文的再解读。

最后,从朱子对"格物致知"的补传来看。朱子在作出经、传二分的调整后,将传文分别对应于三纲八目而一一作解释,依此思路,朱子发现古本《大学》对正心与修身、修身与齐家、齐家与治国、治国与平天下之间的关系都有说明,而对格物、致知并未作解释。朱子以此断定为阙文,故补"格物致知传",弥补古本《大学》传文所阙,如此才能够实现解释三纲八目结构的完整性。朱子所补内容:"右传之五章,盖释格物致知之义,而今亡矣。闲尝窃取程子之意以补之曰:'所谓致知在格物者,言欲致吾之知,在即物而穷其理也。盖人心之灵莫不有知,而天下之物莫不有理,惟于理有未穷,故其知有不尽也。是以《大学》始教,必使学者即凡天下之物,莫不因其已知之理而益穷之,以求至乎其极。至于用力之久,而一旦豁然贯通焉,则众物之表里精粗无不到,而吾心之全体大用无不明矣。此谓格物,此谓知之至也。'"②"格物致知传"中明确阐发"格物致知"之旨,同时又以古本《大学》的"知本"与"知之至"作为格物致知的基本前提。因而所谓"格物致知"就成为整个修齐治平之道不可易移的入手处,而古本《大学》原有的诚意、慎独方面的内容,也就必须建立在格物致知的基础上,通过所谓格物致知的方式来达到慎独、诚意的目的,这就将"八条目"编织成一个从格致诚正到修齐治平之环环相扣的动态过程。这样一来,朱子所作"格物致知"补传一方面将古本《大学》诚意、慎独的内在性指向扭转为外向性的格物致知;另一方面使得《大学》成为一个由三纲领、八条目所构成的层层衔接、环环相扣的整体,实现了朱子对《大学》修正、补充、改造的全面落实。但究其原因,朱子的"补传"是由其生存实在论的学术性格、宇宙论的视野以及其强烈的现实关怀所决定的。朱子对儒家现实关怀问题的解决,正是从个体之格物致知的道问学出发追求整个社会群体的普遍认同,并将这种认同落实在社会群体之修齐治平的道德实践之中。朱子为什么在解决儒家现实关怀问题时走向格物致知之道?

---

① 朱熹.大学章句[M]//朱熹.四书章句集注.北京:中华书局,1983:5.
② 朱熹.大学章句[M]//朱熹.四书章句集注.北京:中华书局,1983:6-7.

从学术性格来看,生存实在论的学术性格必然以"我只有一个浑身"作为其基本出发点,这也是朱子不能充分理解诚意、慎独及其内向照察指向之学术性格上的根源;而从思想谱系来看,宇宙论的进路必然会使其将人视为一种"既定"的存在,因而人的一切认知修养活动也就只具有外在积累与外向增加的意义,或者只有通过外向认知才能达到内在唤醒之目的。① 在这一基础上,朱子对《大学》所作的文本次序调整和补传就有其思想的逻辑必然性。

四、明代:王阳明

南宋朱子以后,《大学》诠释影响最大的是王阳明。众所周知,王阳明思想是在基于对朱子学的批评上逐渐形成的,而《大学》则成为王阳明与朱子思想的重要分歧点。我们从王阳明思想的演进历程来看其对朱子《大学》改本的批评,主要经历了从最初对朱子"格物"说的批评,到突出《大学》工夫在诚意,再到确立致良知的学问宗旨等过程。也就是说,王阳明对《大学》的理解经历了从"格物""诚意"到"致知"的过程,因此,我们把握王阳明的《大学》诠释主要从这三个方面展开。

首先,从王阳明对朱子《大学》改本及其格物说的批评来看。王阳明年少时格竹的失败经历让他一方面感叹无力治圣学,另一方面又存惑于朱子的格物之法。直到居夷处困,大悟"圣人之道,吾性自足",即由外在格求物理知识而转向内在身心,并明确提出对朱子格物说的质疑:"朱子所谓'格物'云者,在即物而穷其理也。即物穷理是就事事物物上求其所谓定理者也,是以吾心而求理于事事物物之中,析'心'与'理'为二矣。夫求理于事事物物者,如求孝之理于其亲之谓也。"②在王阳明看来,朱子的格物说导致心理为二、知行为二,难以真正返归自家心体。所以他在回顾早年的格竹经历时说:"先儒解格物为格天下物,天下之物如何格得?且谓一草一木亦皆有理,今如何去格?纵格得草木来,如何反来诚得自家意?"③也就是说,外在的格物求知难以实现内在德性的成就,正所

---

① 丁为祥.学术性格与思想谱系:朱子的哲学视野及其历史影响的发生学考察[M].北京:人民出版社,2012:300.
② 王守仁.《语录》二[M]//王守仁.王阳明全集.吴光,钱明,董平,等编校.上海:上海古籍出版社,2011:50.
③ 王守仁.《语录》三[M]//王守仁.王阳明全集.吴光,钱明,董平,等编校.上海:上海古籍出版社,2011:135.

谓我们可以拥有关于道德的知识,却不等同于我们拥有道德本身。王阳明对朱子借以建立其《大学》诠释系统的格物穷理说开始全面地反思和批判,他提出自己对格物穷理的理解:"格者,正也,正其不正以归于正之谓也。"又说:"'格物'如孟子'大人格君心'之'格',是去其心之不正,以全其本体之正。但意念所在,即要去其不正以全其正,即无时无处不是存天理,即是穷理。天理即是'明德',穷理即是'明明德'。"①可见,王阳明所理解的格物,就是格除心之不正以归于正,就是格心。这样一来,王阳明在朱子学以格物入手、诚敬把持的路径之外,开辟了一条新的以"诚意"融贯心物、贯通知行的工夫修养路径。在此意义上,王阳明首先反对朱子《大学》改本,并提倡郑玄所注《大学》古本。王阳明认为《大学》古本出自孔门,并无阙文错简,其文辞明白,工夫易简,没有必要增改。朱子增改带来的问题在于:"旧本析而圣人之意亡矣。是故不务于诚意而徒以格物者,谓之支;不事于格物而徒以诚意者,谓之虚;不本于致知而徒以格物诚意者,谓之妄。支与虚与妄,其于至善也远矣。合之以敬而益缀,补之以传而益离。"②在王阳明看来,朱子以其对格物致知的理解与诠释,增改《大学》古本而使其支离。由此可见,王阳明对《大学》的诠释是从其对朱子格物说及其《大学》改本的反思、批评开始的。

既然依照朱子的方式从格物入手做工夫容易导致心、理为二,难以实现成德工夫的有效性,那么王阳明提出的解决方案是什么?王阳明在正德十三年(1518)所作的《大学古本原序》中提出"大学之要,诚意而已",遂以"诚意"来统率工夫,格物是诚意之功,止于至善是诚意之极。在王阳明看来,"诚意"既是大学之道的成德工夫的入手处,也是《大学》全文的基本宗旨。围绕此,我们从以下几个方面展开:首先,从"诚意"与格物、致知、正心、修身的关系来看,王阳明说:"《大学》工夫即是明明德;明明德只是个诚意;诚意的工夫只是格物致知。若以诚意为主,去用格物致知的工夫,即工夫始有下落,即为善去恶无非是诚意的事。如新本先去穷格事物之理,即茫茫荡荡,都无着落处。"③在此意义上看,

---

① 王守仁.《语录》一[M]//王守仁.王阳明全集.吴光,钱明,董平,等编校.上海:上海古籍出版社,2011:7.
② 王守仁.大学古本序[M]//王守仁.王阳明全集.吴光,钱明,董平,等编校.上海:上海古籍出版社,2011:271.
③ 王守仁.《语录》一[M]//王守仁.王阳明全集.吴光,钱明,董平,等编校.上海:上海古籍出版社,2011:44.

王阳明将格物、致知皆统摄于诚意之下,诚意也就内在地规定了格物、致知的方向。而诚意与修身、正心的关系是通过修身在于正心来表达,所谓正心即是意之所诚,修身与正心的具体工夫皆落在诚意的基础上,这样一来,王阳明将"诚意"与格物、致知、正心、修身的关系进行了重新规定,即不论是修身还是正心,都是诚意的内在逻辑结果,格物、致知则成为诚意的工夫。《大学》的思想诠释因此从"格物"转向"诚意"。自"诚意"工夫始,则工夫自然落在身心上来做,身、心、意、知、物则无内外二分,所显现的次序是做修身工夫时所显现出来的层次条理,其实是个体修身活动的内容,实为一物。正如王阳明所谓:"故欲诚意,则随意所在某事而格之,去其人欲而归于理,则良知之在此事者,无蔽而得致矣。此便是诚意的功夫。"① 可见,王阳明强调"诚意"工夫,将格物、致知、正心、修身解释为具有内在关联的整体,并以"诚意"作为《大学》的基本宗旨,一方面矫正朱子的格物致知论,另一方面恢复古本《大学》以"诚意"为中心的思想脉络。其次,在"诚意"诠释系统中,"诚意"与《大学》三纲领的关系也表现出不同于朱子诠释的新意。王阳明认为:"明明德只是个诚意。""明明德"的工夫,即是恢复与天地万物为一体的本然善性,使其成为自我生命的主宰。可见,明明德的工夫不是求之于外,而是反求诸己,本身就是一种自明的工夫,即所谓的诚意。进而言之,人能明其明德,而后有万物一体之仁的显发,明明德就必然落实在亲民上,王阳明所谓"明明德者,立其天地万物一体之体也;亲民者,达其天地万物一体之用也",亲民由明明德之所立而落在"亲亲"与"仁民爱物"的伦常之间,即从"亲亲"开始,以推己及物的方式而达"仁民爱物",在成己成物的过程中实现万物一体之仁。这也是王阳明不满意朱子改"亲民"为"新民"的真正原因。对于"至善",王阳明指出:"至善者,明德亲民之极则也。"可见,"明德"与"亲民"以"至善"为极则,而"至善"之发用则在于天命之性的灵昭不昧,诚意的意旨正在于显豁天命之本然善性。关于"至善",王阳明在提出"致良知"说后将其解释为致良知,所以,无论是明明德还是亲民,皆当"止于至善",即以至善的良知为极则。在此意义上,随着王阳明对古本《大学》的恢复,一方面实现了《大学》的诠释重心由格物致知转向诚意、慎独与修身,另一方面诠释重心也逐渐由"诚意"向"致良知"过渡。

---

① 王守仁.《语录》三[M]//王守仁.王阳明全集.吴光,钱明,董平,等编校.上海:上海古籍出版社,2011:103.

王阳明通过对朱子《大学》改本的批评，将《大学》的诠释重心转向"诚意"。但王阳明对《大学古本序》修订后，提出以"致知"为《大学》的根本工夫。"致知"为《大学》中原有的具体工夫，在王阳明的诠释语境中，实则以"致良知"为"致知"的内在规定，即以"致良知"来统摄《大学》工夫。那么，王阳明是如何在《大学》的内在逻辑中由"诚意"走向"致知"的？王阳明在其晚年的《大学问》中明确地主张诚意在致知："然意之所发有善有恶，不有以明其善恶之分，亦将真妄错杂，虽欲诚之，不可得而诚矣。故欲诚其意者，必在于致知焉。致者，至也，如云'丧致乎哀'之'致'。《易》言'知至至之'，'知至'者，知也；'至之'者，致也。'致知'云者，非若后儒所谓充广其知识之谓也，致吾心之良知焉耳。"①意念的发动自然有善有恶，但谁能分判意之善恶，王阳明有言"心之所发便是意，意之本体便是知"，这里所谓的"知"即是良知。《大学》中的"致知"，朱子解为"推极吾之知识，欲其所知无不尽也"。王阳明则解"知"为"良知"，"致知"即致吾心之良知于事事物物。良知自然知是知非，并非假借于外物，而是自知自明。也就是说，当意念发动时，不论善恶，良知自然辨别，知善，则好之行之；知恶，则恶之去之。所以，良知为人人所本有，但能知是知非而行善去恶，则在于实致其良知。王阳明因此强调良知之所致的"致知"工夫，只要致吾心之良知于事事物物，则自然好其善而恶其恶，而诚意自然贯彻于事事物物之中。这样一来，王阳明对《大学》的诠释由"诚意"转向"致良知"，并由"致良知"的意旨统摄《大学》全文宗旨，完成对朱子"格物致知"的彻底改造。王阳明对《大学》的诠释发端于对朱子观点的批评，发展于其诚意、修身的主体性进路的形成，最终形成以"致良知"为中心而不同于朱子的诠释方向。在王阳明之后，儒者多在朱子与王阳明的诠释中有所损益，因而可以说朱子、王阳明的诠释是《大学》诠释的范例。

王阳明对《大学》的诠释，一方面开启了后世《大学》改本诠释之风，另一方面也遭到后来学者的多方质疑。朱学后劲罗钦顺就对王阳明的《大学》诠释提出批评，认为王阳明混淆"格物"与"正心"的关系。与王阳明共倡心学的湛甘泉，虽然赞同王阳明恢复古本《大学》的主张，但对王阳明"格物"的解释也多有质疑。王阳明以后，关于《大学》的诠释基本形成了以朱子和王阳明为代表的两种诠释方向。朱学学者在理学化的诠释进路中，强调"格物致知"的工夫进路。

---

① 王守仁.大学问[M]//王守仁.王阳明全集.吴光,钱明,董平,等编校.上海：上海古籍出版社,2011:1070.

如罗钦顺等朱子后学,坚守着朱子《大学》诠释的方向。而王学学者在心学化的诠释进路中,表现出对"诚意""慎独"的内在心性收摄的重视。如王阳明后学中罗念庵以"扩养"为"良知",强调收摄凝聚,反对良知的现成化。在这两种诠释方向中,后世学者围绕"格物""致知""诚意""正心""慎独"等具体问题歧见迭出。明末,东林学派与刘宗周又通过《大学》诠释修正王学流弊,刘宗周的诠释具有一定的代表性。刘宗周作《大学古记约义》,立"诚意""慎独"之教,以《大学》的"诚意"会通《中庸》的"慎独",纠正朱学与王学之弊。

五、明清之际:王夫之

清代《大学》研究,受到朴学学风的影响,主要集中在对《大学》具体内容的考证研究上。诸如毛奇龄《大学证文》,罗列诸家《大学》改本,包括注疏本、石经本、二程改本、蔡虚斋改本、季平改本、高攀龙改本等,主要为《大学》版本考证。而胡渭《大学翼真》则详细考订"大学"音义、小学之教、大学之教、学校选举之法等。因此,清代《大学》研究整体上注重考据。但值得注意的是,在明末清初之际,以王夫之、陈确、孙奇逢、李二曲为代表,他们在考证的基础上更加强调义理的阐明,因而在《大学》的诠释研究中,就具有独特的代表性。具体表现为:一方面在理学的诠释话语系统中讨论《大学》问题,另一方面因所处时代与学风的影响,其研究又具有总结性。王夫之的《大学》诠释正是这一时期的代表。

王夫之关于《大学》诠释主要有《四书稗疏》《四书考异》《读四书大全说》《四书训义》《四书笺解》等。从其著书诠释的历程来看,王夫之的《大学》诠释经历了一个较长的过程。其中,一方面推崇朱子的诠释,对朱子之说多有承继;另一方面又在格物、致知、正心、诚意的解释以及修身、齐家、治国、平天下的关系理解上与朱子不同。因此,王夫之对《大学》的诠释在总体上表现为对朱子《大学》诠释的沿袭与修正。

首先,王夫之对《大学》的整体宗旨有新的看法,认为《大学》为立教之法、为学之方。《大学》作为《礼记》中的一篇,朱子在阐发《大学》之旨时就已经认为"大学"本义为古代学制、学宫,即"太学"。但《大学》内容所构成的义理则指向成就德性之学。因此,朱子将《大学》之旨阐发为"大人之学",即如何成就

"盖必有以尽夫天理之极,而无一毫人欲之私也"①。王夫之在肯定朱子"大人之学"诠释的同时,提出《大学》是"本以言学,凡所言者皆立教之法,为学之方"②。他认为《大学》是就如何成就"大人之学"所提出的一种为学方法,而不仅仅是对"大人之学"境界的描述。在此意义上,王夫之将《大学》诠释为"立教之法、为学之方"是对"大人之学"的进一步落实,落实在成德、成就大人之学的具体工夫上,从而实现成德追求。这既是王夫之对《大学》总体性的认识,也是其对朱子诠释的推进。

其次,关于《大学》三纲领、八条目的具体诠释,王夫之多沿用朱子的解释,但在"明德""格致""正心"等方面异于朱子,可以视为对朱子《大学》诠释的修正。就对"明德"的解释而言,王夫之对朱子的诠释有所批评:

> 缘"德"上著一"明"字,所以朱子直指为心,但此所谓心,包含极大,托体最先,与"正心"心字固别。性是二气五行妙合凝结以生底物事,此则合得停匀,结得清爽,终留不失,使人别于物之蒙昧者也……明德唯人有之,则已专属之人。属之人,则不可复名为性。性者,天人授受之总名也。故朱子直以为心。而以其所自得者则亦性也,故又举张子"统性情"之言以明之。乃既以应万事,则兼乎情,上统性而不纯乎性矣。③

从上述内容可以看出,王夫之一方面赞同朱子以心解释明德,另一方面又批评朱子以性解释明德。之所以会有这样的分歧,是因为王夫之与朱子对心、性问题的理解不同。王夫之首先认为以心解明德不同于正心之心,这是因为在王夫之看来,心有体用之两面,就心之体而言则是纯然之善性,就心之用而言则是心的知觉活动,有善恶之分。王夫之所谓的明德之心,不同于具有经验的有待于正的正心之心。可见,王夫之虽然赞同以心解释明德,但其对心的解释又与朱子不同,换言之,"王夫之对心的解释有心之体与心之用的两面,就体的一面而言,可以等同于性;就用的一面而言,不能等同于性"④。王夫之批评朱子以性解释明德,在他看来性与明德内涵有差别,性为天人授受之总名,而明德则只

---

① 朱熹.大学章句[M]//朱熹.四书章句集注.北京:中华书局,1983:3.
② 王船山.四书笺解[M]//王船山.船山全书:第6册.杨坚,总修订.长沙:岳麓书社,2011:109.
③ 王船山.读四书大全说[M]//王船山.船山全书:第6册.杨坚,总修订.长沙:岳麓书社,2011:396-397.
④ 陈群.明清之际《大学》诠释研究[M].北京:科学出版社,2017:117.

属于人,虽然二者不同,但王夫之又认为明德具有性所蕴含的天之本体的意涵。朱子正是依据这一问题提出以"统性情之心"的心来解释明德,而王夫之认为"统性情"之心已经不是纯然的性,因此,他认为朱子的解释未能明确将明德的内涵揭示出来,进而反对以性解释明德。在此基础上,王夫之将"明德"与知、意、心、身四者相关联:"'明德',身心意知之德也。'虚灵',知之德;'不昧',意之德;'具众理',心之德;'应万事',身之德。明之者,格致诚正修以著其全体大用也。"①明德与知、意、身、心的相关联使得明德落实在具体的道德实践工夫上,从而实现明明德的工夫。这本身也与王夫之将《大学》定位为"立教之法、为学之方"的宗旨有关。

就"格物""致知"而言,王夫之不认同朱子所谓"格物"是"致知"的工夫,即以"格物"消解"致知"的自身工夫,而是主张"格物""致知"各有工夫所主。王夫之因此重在阐发"致知",并提出两种形态的"知":一是如何成就德性的实践之知,即格物;一是关于为什么要实践德性的德性之知,即致知。他说:"大抵格物之功,心官与耳目均用,学问为主,而思辨辅之,所思所辨者皆其所学问之事。致知之功则唯在心官,思辨为主,而学问辅之,所学问者乃以决其思辨之疑。"②在这里,王夫之一方面提出"格物"与"致知"两种"知";另一方面又提出"格物"与"致知"互补。在他看来,"致知是以思辨为主、以学问为辅,意味着致知工夫应当是一种内在的自身反省为主的工夫,是以对自身的善恶加以反思以求获得对于善的知识的工夫。但反思所得之知必然要呈现于事物之中,因此需要以在学问中所获得的知识来辅助。而格物则是对外在事物的博学、审问,以形成关于如何实践善的具体方法、途径的工夫。但这一知识的正确与否不能由格物之自身来决定,而须以内在的反思之知去判断"③。王夫之因此主张将此两种方式结合起来,称为"格致相因"。从上述的讨论可以看出,王夫之"格致相因"的最大特点就是调和了王阳明与朱子关于"格物""致知"的解释。

作为明清之际的理学家,王夫之主张训诂与义理并重,以此反对晚明以来的空疏学风。在《大学》诠释方面,王夫之表现出统合朱子学与王阳明学解

---

① 王船山.四书笺解[M]//王船山.船山全书:第 6 册.杨坚,总修订.长沙:岳麓书社,2011:110.

② 王船山.读四书大全说[M]//王船山.船山全书:第 6 册.杨坚,总修订.长沙:岳麓书社,2011:406.

③ 陈群.明清之际《大学》诠释研究[M].北京:科学出版社,2017:122.

释的特点,并尝试对宋明以来的诠释作出总结。在诠释中虽然延续了宋明理学的问题意识,但在一些具体问题的看法上已经出现近代思想转向的迹象,如王夫之对"知"的看法。因此,王夫之的《大学》诠释整体上呈现出继承与修正的特点。

第五章 《大学》古本注译集评

凡　例

一、本书以《礼记》本《大学》(古本)为依据,章内按文意分段,以便阅览。

二、本书注释,力求简明,大体为义注,酌采诸家之说,以补正。

三、本书译文,以参照原文直译为原则,但有时为使文意畅达,亦酌予增益。

四、本书集注,根据章节文意,集郑玄注孔颖达疏、朱熹、王阳明、王夫之诸儒相关注评,以求阐明章节大意。

大学[1]之道,在明明德[2],在亲民[3],在止于至善[4]。

注　释

[1]大学:大旧音太。太学,指古代的最高学府。后与"小学"(洒扫应对及书数之事)相对而言。郑玄:"名曰《大学》者,以其记博学可以为政也。"意即通过广博知识的学习,可以从事治国平天下的事业。朱熹《大学章句》:"大学者,大人之学也。"将成就德性、教化百姓以及治国理政纳入"大学"的范围,可作为"大学"的基本解释。

[2]明明德:前一"明"为动词,后一"明"为形容词。"明明德"即彰明人性所具有的光辉德性。"明明德"意在使德性自觉明朗,古本认为"明德"为人所固有。宋明儒多就何以明德而言明德之工夫践履。《礼记正义》郑玄注:"'明明德',谓显明其至德也。"孔颖达疏:"'在明明德'者,言大学之道,在于章明己之光明之德。谓身有明德,而更章显之,此其一也。"朱熹《大学章句》:"明德者,人之所得乎天,而虚灵不昧,以具众理而应万事者也。"

[3]亲民：四书本《大学》为"新民"。《礼记正义》孔颖达疏："'在亲民'者，言大学之道，在于亲爱于民，是其二也。"程颐认为"亲"当作"新"，朱熹从之。朱熹《大学章句》："新者，革其旧之谓也。"后儒改本有其自身新的时代境遇，程朱改"亲"为"新"，将教育对象由君王转向士大夫阶层，这是由宋代士大夫阶层崛起的历史条件所致。故"新民"有使人革新之意。

[4]止于至善：止，到达。《礼记正义》孔颖达疏："'在止于至善'者，言大学之道，在止处于至善之行，此其三也。言大学之道，在于此三事矣。"朱熹《大学章句》："止者，必至于是而不迁之意。"至善，圆满的善。朱熹《大学章句》："至善，则事理当然之极也。"王阳明《大学问》："至善者，明德、亲民之极则也。天命之性，粹然至善，其灵昭不昧者，此其至善之发见，是乃明德之本体，而即所谓良知者也。"朱子、王阳明都将"至善"解释为"明明德"与"亲民"的圆满完成。

译文

大人之学的方向，在于彰明人性本身所具有的德性光辉，在于以推己及人的方式亲民爱民，在于以成就自己与他人为圆满的价值归宿。

集注

朱熹："言明明德、新民，皆当至于至善之地而不迁。盖必有以尽夫天理之极，而无一毫人欲之私也。此三者，大学之纲领也。"（《大学章句》）

王阳明："大人者，以天地万物为一体者也。其视天下犹一家，中国犹一人焉。"（《大学问》）

"明明德者，立其天地万物一体之体也。亲民者，达其天地万物一体之用也。故明明德必在于亲民，而亲民乃所以明其明德也。是故亲吾之父，以及人之父，以及天下人之父，而后吾之仁实与吾之父、人之父与天下人之父而为一体矣。实与之为一体，而后孝之明德始明矣。"（《大学问》）

王夫之："《大学》一书，本以言学，凡所言者皆立教之法，为学之方。"（《四书笺解》）

知止而后有定[1]，定而后能静[2]，静而后能安[3]，安而后能虑[4]，虑而后能得[5]。

注释

[1] 知止而后有定：知止，对归宿（价值）能有明确了解。《礼记正义》郑玄注："止，犹自处也。"朱熹《大学章句》："知之，则志有定向。"有定，心有定向。"知止"承上文而来，意在对归宿有明确了解。能"知止"，才能心有定向。

[2] 静：心平静而不妄动。

[3] 安：心性安稳。朱熹《大学章句》："安，谓所处而安。"

[4] 虑：精思详辨。"虑"是就心性安稳自得而言精思详辨，非外在表现。

[5] 得：达致至善境界。朱熹《大学章句》："得，谓得其所止。"

译文

对归宿（价值）有明确的了解，方能志有定向，志有定向方能心境平静而不为外物所动，心境平静而不为外物所动方能心有所安，心有所安方能精思详辨，精思详辨方能达致至善的境界。

集注

孔颖达疏："'知止而后有定'者，更覆说'止于至善'之事。既知'止于至善'，而后心能有定，不有差贰也。'定而后能静'者，心定无欲，故能静不躁求也。'静而后能安'者，以静故性情安和也。'安而后能虑'者，情既安和，能思虑于事也。'虑而后能得'者，既能思虑，然后于事得宜也。"（《礼记正义》）

王阳明："今焉既知至善之在吾心，而不假于外求，则志有定向，而无支离决裂、错杂纷纭之患矣。无支离决裂、错杂纷纭之患，则心不妄动而能静矣。心不妄动而能静，则其日用之间，从容闲暇而能安矣。能安，则凡一念之发，一事之感，其为至善乎？其非至善乎？吾心之良知自有以详审精察之，而能虑矣。能虑则择之无不精，处之无不当，而至善于是乎可得矣。"（《大学问》）

王夫之："若论其极，则自始教'格物'，直至'明明德于天下'，自'欲明明德于天下'立志之始，乃至天下可平，亦只于用功处见此五者耳。为学者当自知之。"（《读四书大全》）

物有本末[1]，事[2]有终始。知所先后[3]，则近道[4]矣。

注释

[1]物有本末：物，物的存在形态。此处实指意、心、身、家、国、天下等。本末，原指树木的根本与末节，后引申为事物的主次关系。

[2]事：人伦实践秩序。此处实指诚、正、修、齐、治、平等。

[3]知所先后：此处先后并非在时间意义上言，而是价值逻辑上的道德次第关系。朱熹《大学章句》："本始所先，末终所后。"

[4]道：道德实践的最高境界。

译文

物的存在形态有其主次关系，人伦的实践秩序有其过程。明白道德实践的先后次第，便可以接近道德实践的最高境界。

集注

孔颖达："'物有本末，事有终始'者，若于事得宜，而天下万物有本有末，经营百事有终有始也。'知所先后'者，既能如此，天下百事万物，皆识知其先后也。'则近道矣'者，若能行此诸事，则附近于大道矣。"（《礼记正义》）

朱熹："明德为本，新民为末。知止为始，能得为终。本始所先，末终所后。此结上文两节之意。"（《大学章句》）

王阳明："先儒之说，是盖不知明德亲民之本为一事，而认以为两事，是以虽知本末之当为一物，而亦不得不分为两物也。"（《大学问》）

古之欲明明德于天下者，先治其国；欲治其国者，先齐其家[1]；欲齐其家者，先修其身[2]；欲修其身者，先正其心[3]；欲正其心者，先诚其意[4]；欲诚其意者，先致其知[5]。致知在格物[6]。

注释

[1]先齐其家：齐，整顿。家，家庭。

[2]先修其身：修，修身。身，指身体，引申为人格。

[3]先正其心：正，端正。心，心志。朱熹《大学章句》："心者，身之所主也。""正其心"意指心灵不受情绪的干扰。

[4]先诚其意：诚，不自欺。意，意念。朱熹《大学章句》："意者，心之所发也。"

[5]先致其知：致，达致。朱子释："致，推极也。"王阳明则释"致"为扩充之意，而有"致良知"之说。知，道德认知（张载：德性之知）。《礼记正义》郑玄注："知，谓知善恶吉凶之所终始也。"朱子释："知，犹识也。"将"致知"理解为穷究知识之极。王阳明将"知"理解为"良知"。

[6]格物：推究事物的道理，《大学》注释中"格物"历来多有争议。《礼记正义》郑玄注："格，来也。物，犹事也。"朱熹《大学章句》："格，至也。物，犹事也。穷至事物之理，欲其极处无不到也。"王阳明《大学问》："格者，正也，正其不正以归于正之谓也。"

译文

自古以来人们想要通过道德实践彰明德性，应当先治理好国家；想要治理好国家的人，应当先整顿好家庭；想要整顿好家庭的人，应当先修养好自己的人格；想要修养好自己的人格，应当先端正自己的心志；想要端正自己的心志，应当先使自我的意念真诚；想要使自我的意念真诚，应当先拓展自己的德性自觉。拓展自己的德性自觉就落实在具体的人伦事物上。

集注

孔颖达："'古之欲明明德于天下'者，前章言大学之道在明德、亲民、止善，覆说止善之事既毕，故此经明明德之理。'先治其国'者，此以积学能为明德盛极之事，以渐到。今本其初，故言欲章明己之明德，使遍于天下者，先须能治其国。'欲治其国者'，'先齐其家'也。'欲齐其家者，先修其身'，言若欲齐家，先须修身也。'欲修其身者，先正其心'，言若欲修身，必先正其心也。'欲正其心者，先诚其意'者，总包万虑谓之为心，情所意念谓之意。若欲正其心使无倾邪，必须先至诚，在于忆念也。若能诚实其意，则心不倾邪也。'欲诚其意者，先致其知'者，言欲精诚其意，先须招致其所知之事，言初始必须学习，然后乃能有所知晓其成败，故云'先致其知'也。"（《礼记正义》）

朱熹:"明明德于天下者,使天下之人皆有以明其明德也。心者,身之所主也。诚,实也。意者,心之所发也。实其心之所发,欲其一于善而无自欺也。致,推极也。知,犹识也。推极吾之知识,欲其所知无不尽也。格,至也。物,犹事也。穷至事物之理,欲其极处无不到也。此八者,大学之条目也。"(《大学章句》)

王阳明:"性无不善,则心之本体本无不正也。何从而用其正之之功乎?盖心之本体本无不正,自其意念发动而后有不正。故欲正其心者,必就其意念之所发而正之,凡其发一念而善也,好之真如好好色;发一念而恶也,恶之真如恶恶臭:则意无不诚,而心可正矣。"(《大学问》)

物格而后知至,知至而后意诚,意诚而后心正,心正而后身修,身修而后家齐,家齐而后国治,国治而后天下平。

译 文

认知人伦事物的正当之理后,才能达到德性价值的拓展;达到德性价值的拓展后,才能获得真诚的意念;获得真诚的意念后,心志才能端正;心志端正后,才能修养好个人的品格;修养好个人的品格后,才能整顿好家庭;整顿好家庭后,才能治理好国家;治理好国家后,才能安定天下。

集 注

朱熹:"物格者,物理之极处无不到也。知至者,吾心之所知无不尽也。知既尽,则意可得而实矣,意既实,则心可得而正矣。修身以上,明明德之事也。齐家以下,新民之事也。物格知至,则知所止矣。意诚以下,则皆得所止之序也。"(《大学章句》)

王阳明:"盖其工夫条理虽有先后次序之可言,而其体之惟一,实无先后次序之可分。其条理工夫虽无先后次序之可分,而其用之惟精,固有纤毫不可得而缺焉者。此格致诚正之说,所以阐尧舜之正传而为孔氏之心印也。"(《大学问》)

王夫之:"天下之物无涯,吾之格之也有涯。吾之所知者有量,而及其致之也不复拘于量。颜子闻一知十,格一而致十也。子贡闻一知二,格一而致二也。必待格尽天下之物而后尽知万事之理,既必不可得之数。"(《读四书大全》)

自天子以至于庶人[1],壹是皆以修身为本[2]。其本乱而末治者否[3]矣。其所厚者薄[4],而其所薄者厚,未之有也。此谓知本[5],此谓知之至[6]也。

注释

[1]自天子以至于庶人:天子,君主。庶人,百姓。

[2]壹是皆以修身为本:壹是,一切。《礼记正义》孔颖达疏:"壹是,专行是也。"修身,为八条目之一,其余工夫条目都属于内在工夫,可统于"修身",故曰:"壹是皆以修身为本。"

[3]否:不可能。

[4]其所厚者薄:厚,重视。薄,不重视。以厚薄对举而言本末轻重倒置。

[5]此谓知本:宋儒程颐和朱熹都认为此句为衍文。

[6]至:极致。

译文

从君主到百姓,一律都以个人的道德修养为根本。道德实践做不好而能够成就德性,是不可能的。我们应当重视的东西而不重视,不应当重视的东西反而重视,这是没有道理的。这就叫作知道事物的本根,这也是道德认知的极致。

集注

孔颖达:"'壹是皆以修身为本'者,言上从天子,下至庶人,贵贱虽异,所行此者专一,以修身为本。上言诚意、正心、齐家、治国,今此独云'修身为本'者,细则虽异,其大略皆是修身也。'其本乱而末治者否矣',本乱,谓身不修也。末治,谓国家治也。言己身既不修,而望家国治者否矣。否,不也。言不有此事也。'其所厚者薄,而其所薄者厚,未之有也'者,此覆说'本乱而末治否矣'之事也。譬若与人交接,应须敦厚以加于人。今所厚之处,乃以轻薄,谓以轻薄待彼人也。'其所薄者厚',谓己既与彼轻薄,欲望所薄之处以厚重报己,未有此事

也。言己以厚施人,人亦厚以报己也。若己轻薄施人,人亦轻薄报己,言事厚之与薄皆以身为本也。"(《礼记正义》)

朱熹:"壹是,一切也。正心以上,皆所以修身也。齐家以下,则举此而措之耳。本,谓身也。所厚,谓家也。此两节结上文两节之意。"(《大学章句》)

王阳明:"其本则在修身,知修身为本,斯谓知本,斯谓知之至。然非实能修其身者,未可谓之修身也。"(《大学古本旁释》)

所谓诚[1]其意者,毋[2]自欺也。如恶恶臭[3],如好好色[4],此之谓自谦[5]。故君子必慎其独[6]也。

注释

[1]诚:真诚,名词动用。朱熹《大学章句》:"诚其意者,自修之首也。"
[2]毋:不要。《礼记正义》孔颖达疏:"'毋自欺也',言欲精诚其意,无自欺诳于身,言于身必须诚实也。"朱熹《大学章句》:"毋者,禁止之辞。"
[3]恶恶臭:前一"恶"为动词,厌恶。后一"恶"为名词,丑陋。
[4]好好色:前一"好"为动词,喜好。后一"好"为名词,美好。
[5]谦:充盈。《礼记正义》郑玄注:"谦,读为'慊',慊之言厌也。"朱熹《大学章句》:"谦,快也,足也。"
[6]慎其独:独处时须戒慎恐惧。

译文

所谓"诚其意者"的意思是:人们不要自我欺骗。就如同厌恶难闻的气味、喜好美丽的女子那样,这就是自得之乐。因此,有德者在独处时一定时时戒慎恐惧、谨慎不苟。

集注

朱熹:"言欲自修者,知为善以去其恶,则当实用其力,而禁止其自欺。使其恶恶则如恶恶臭,好善则如好好色,皆务决去,而求必得之,以自快足于己,不可徒苟且以殉外而为人也。"(《大学章句》)

王夫之:"先儒分致知格物属知,诚意以下属行,是通将《大学》分作两节。大分段处且如此说,若逐项下手工夫,则致知格物亦有行,诚意以下至平天下亦无不有知。"(《读四书大全》)

王阳明:"故欲正其心者,必就其意念之所发而正之,凡其发一念而善也,好之真如好好色;发一念而恶也,恶之真如恶恶臭:则意无不诚,而心可正矣。然意之所发有善有恶,不有以明其善恶之分,亦将真妄错杂,虽欲诚之,不可得而诚矣。故欲诚其意者,必在于致知焉。"(《大学问》)

小人闲居[1]为不善,无所不至[2],见君子而后厌然[3],掩[4]其不善,而著[5]其善。人之视己,如见其肺肝然,则何益矣?此谓诚于中[6],形于外[7],故君子必慎其独也。曾子[8]曰:"十目所视,十手所指,其严[9]乎!"富润屋,德润[10]身,心广体胖[11],故君子必诚其意。

注释

[1]闲居:独处,亦指日常居处。

[2]无所不至:指尽做坏事。

[3]厌然:故作遮掩的样子。

[4]掩:掩盖。

[5]著:显露。

[6]中:内心。

[7]形于外:显著于外在行为。《礼记正义》孔颖达疏:"言此小人既怀诚实恶事于中心,必形见于外,不可掩藏。"意即内心所有表现于外在行为。

[8]曾子:孔子弟子,名参,字子舆。

[9]严:严格。《礼记正义》孔颖达疏:"'其严乎'者,既视者及指者皆众,其所畏敬,可严惮乎。"

[10]润:润饰。

[11]心广体胖:广,宽广。胖,安泰。《礼记正义》孔颖达疏:"'心广体胖'者,言内心宽广,则外体胖大,言为之于中,必形见于外也。"有德者心境开阔、身体安泰而无所拘碍。

译文

无德者在日常居处为恶做坏事,见到有德者的道德行为时就躲藏,掩饰自己的恶而显露自己的善。别人看到他时,就像直接看到他的心肺肝脏一样,掩饰又有何用呢?这就是内心所凝结的真诚,外在的言行举止就会显现出来。因此,有德者一定在独处时戒慎恐惧。曾子说:"独处时也要像有许多眼睛看着自己,许多双手指着自己,要严格要求自己。"财富可以润饰房屋,道德可以修养身心,有道德的人心胸宽广、身体安泰。因此,君子一定要使自己的发心动念真诚无伪。

集注

朱熹:"言虽幽独之中,而其善恶之不可掩如此。"(《大学章句》)

王夫之:"恶恶臭,好好色,是诚之本体。诚其意而毋自欺,以至其用意如恶恶臭、好好色,乃是工夫至到,本体透露。"(《读四书大全》)

《诗》[1]云:"瞻彼淇奥[2],菉竹猗猗[3]。有斐[4]君子,如切如磋,如琢如磨[5]。瑟兮僴兮[6],赫兮喧兮[7]。有斐君子,终不可谖[8]兮。"如切如磋者,道学[9]也。如琢如磨者,自修也。瑟兮僴兮者,恂慄[10]也。赫兮喧兮者,威仪也。有斐君子,终不可谖兮者,道[11]盛德至善,民之不能忘也。

注释

[1]《诗》:指《诗经·卫风·淇奥》。

[2]淇奥:淇,指淇水,河名。奥,河水的弯曲处。

[3]菉竹猗猗:菉,通"绿"。猗猗,美丽茂盛的样子。《礼记正义》郑玄注:"猗猗,喻美盛。"

[4]斐:有文采的样貌。这里用来形容君子风采。

[5]如切如磋,如琢如磨:切、磋、琢、磨,工匠所治对象有区别:治兽骨为"切",治象牙为"磋",治玉器为"琢",治石块为"磨"。朱熹《大学章句》:"切以刀锯,琢以椎凿,皆裁物使成形质也。磋以鑢锡,磨以沙石,皆治物使其滑泽也。治骨角者,既切而复磋之。治玉石者,既琢而复磨之。皆言其治之有绪,而益致

其精也。"

[6] 瑟兮僴兮:瑟,严谨的样貌。兮,语气助词。僴,刚毅的样貌。

[7] 赫兮喧兮:光明宽大的样貌。

[8] 諠:忘记。

[9] 道学:讲论学问。《礼记正义》郑玄注:"道,犹言也。"

[10] 恂慄:戒惧的样貌。《礼记正义》郑玄注:"恂,字或作'峻',读如严峻之'峻',言其容貌严慄也。"

[11] 道:称道,作动词用。

译 文

《诗经·卫风·淇奥》说:"在淇水弯曲处,翠绿的竹子长得茂盛美丽。有位文质彬彬的君子,讲论学问犹如工匠治器,不断地切磋,道德修养亦如此不断琢磨。他的外表严谨刚毅、光明宽大,让人难以忘怀。"如切如磋,是说他讲论学问如工匠治兽骨象牙。如琢如磨,是说他的道德修养如工匠治玉器石块。瑟兮僴兮,是说他戒慎恐惧的态度。赫兮喧兮,是说他威严的仪容。有斐君子,终不可諠兮,是称道他的道德修养工夫已经达到至善境界,使人难忘。

集 注

孔颖达:"《诗》云:'瞻彼淇澳'者,此一经广明诚意之事,故引《诗》言学问、自新、颜色、威仪之事,以证诚意之道也。"(《礼记正义》)

朱熹:"引《诗》而释之,以明明明德者之止于至善。道学自修,言其所以得之之由。恂栗、威仪,言其德容表里之盛。卒乃指其实而叹美之也。"(《大学章句》)

《诗》[1]云:"於戏,前王[2]不忘。"君子贤其贤而亲其亲,小人乐其乐而利其利,此以没世[3]不忘也。

注 释

[1]《诗》:指《诗经·周颂·烈文》。

[2] "於戏,前王":於戏,感叹词。前王,先王,这里指周文王、周武王。

[3]没世:终身。

译文

《诗经·周颂·烈文》说:"啊!人民不会忘记先王。"贤君尊敬贤德之人,以及亲爱亲属;庶民爱好快乐,以及享受利益。虽然先王已经去世,但人们却永远不会忘记。

集注

郑玄:"圣人既有亲贤之德,其政又有乐利于民。君子小人,各有以思之。"(《礼记正义》)

朱熹:"此言前王所以新民者止于至善,能使天下后世无一物不得其所,所以既没世而人思慕之,愈久而不忘也。"(《大学章句》)

《康诰》[1]曰:"克[2]明德。"《大甲》[3]曰:"顾諟天之明命[4]。"《帝典》[5]曰:"克明峻德[6]。"皆自明也。

注释

[1]《康诰》:《尚书·周书》中的一篇,为周公封康叔所作。
[2]克:能够。朱熹《大学章句》:"克,能也。"
[3]《大甲》:又称《太甲》,《尚书·周书》中的一篇。
[4]顾諟天之明命:顾,顾念。諟,"是"的古字,这里用为代词。天之明命,天所赋予的性命光辉。朱熹《大学章句》:"天之明命,即天之所以与我,而我之所以为德者也。"意为人应顾念天所赋予的这种性命光辉。
[5]《帝典》:即《尧典》,《尚书·虞书》中的一篇。
[6]峻德:崇高的德性。《礼记正义》郑玄注:"峻,大也。"

译文

《尚书·康诰》说:"人应该能够彰明自己的德性。"《尚书·太甲》说:"人应该顾念天所赋予的性命光辉。"《尚书·尧典》说:"人应该能够彰明自己的崇高德性。"上面的文字都说出人能够自我彰明德性。

集注

孔颖达:"明明德必先诚其意,此经诚意之章,由初诚意也,故人先能明己之明德也。"(《礼记正义》)

朱熹:"天之明命,即天之所以与我,而我之所以为德者也。常目在之,则无时不明矣。"(《大学章句》)

汤之《盘铭》[1]曰:"苟日新[2],日日新,又日新。"《康诰》曰:"作新民[3]。"《诗》[4]曰:"周虽旧邦,其命惟新[5]。"是故君子无所不用其极[6]。

注释

[1]汤之《盘铭》:汤,成汤,商代的开国君主。《盘铭》,刻在沐浴之盘上的铭文。朱熹《大学章句》:"盘,沐浴之盘也。铭,名其器以自警之辞也。"

[2]苟日新:苟,如果。日新,一天都在革新自己(为善去恶)。《礼记正义》郑玄注:"君子日新其德,常尽心力不有余也。"

[3]新民:鼓舞人民使其振作而自我革新。朱熹《大学章句》:"鼓之舞之之谓作,言振起其自新之民也。"

[4]《诗》:指《诗经·大雅·文王》。

[5]其命惟新:命,天所赋予之命。惟,语气助词,无实义。

[6]极:极致。朱熹《大学章句》:"自新、新民,皆欲止于至善也。"

译文

商汤沐浴之盘的铭文说:"人们如果能够做到一天都在革新自己、为善去恶,就应当每天如此,最后做到不断地为善去恶、革新自我。"《尚书·康诰》说:"君主要鼓舞人民而使其振作,实现自我革新。"《诗经·大雅·文王》说:"周朝虽然是故国旧邦,却能够承接天命,不断地自我革新。"因此,君子应当通过道德实践,不断革新自我,达致至善的境地。

集注

孔颖达:"此《记》之意,其所施教命,唯能念德而自新也。'是故君子无所不用其极'者,极,尽也。言君子欲日新其德,无处不用其心尽力也。言自新之道,唯在尽其心力,更无余行也。"(《礼记正义》)

朱熹:"汤以人之洗濯其心以去恶,如沐浴其身以去垢,故铭其盘,言诚能一日有以涤其旧染之污而自新,则当因其已新者,而日日新之,又日新之,不可略有间断也。"(《大学章句》)

王阳明:"孟子告滕文公养民之政,引此诗云:'子力行之,亦以新子之国。'君子之明德亲民岂有他哉?一皆求止于至善而已。"(《大学古本旁释》)

王夫之:"明是复性,须在心意知上做工夫。若民,则勿论诚正,即格物亦断非其所能。新只是修身上,止除却身上一段染污,即日新矣。"(《读四书大全》)

《诗》[1]云:"邦畿[2]千里,惟民所止[3]。"《诗》[4]云:"缗蛮[5]黄鸟,止于丘隅[6]。"子曰:"于止[7],知其所止,可以[8]人而不如鸟乎?"《诗》[9]云:"穆穆文王[10],于缉熙敬止[11]。"为人君,止于仁;为人臣,止于敬;为人子,止于孝;为人父,止于慈;与国人交,止于信。

注释

[1]《诗》:指《诗经·商颂·玄鸟》。

[2]邦畿:君主的统治疆域。

[3]止:居住。朱熹《大学章句》:"言物各有所当止之处也。"

[4]《诗》:指《诗经·小雅·缗蛮》。

[5]缗蛮:绵蛮,鸟叫声。

[6]丘隅:山丘一角。

[7]于止:对于居住的地方。《礼记正义》郑玄注:"于止,于鸟之所止也。就而观之,知其所止,知鸟择岑蔚安闲而止处之耳。言人亦当择礼义乐土而自止处也。"

[8]可以:为什么。

[9]《诗》:指《诗经·大雅·文王》。

[10]穆穆文王:穆穆,仪表端庄的样子。文王,指周文王。

[11]于缉熙敬止:于,赞美词。缉,继续。熙,光明。止,语气助词,无实义。

译文

《诗经·商颂·玄鸟》说:"君主的统治疆域,是人民居住的地方。"《诗经·小雅·绵蛮》说:"鸣叫着的黄鸟,栖息于山丘的一角。"孔子说:"黄鸟对于居住的地方,尚且知道选择,为什么人还不如鸟呢?"《诗经·大雅·文王》说:"周文王仪态端庄,不断彰明德性,以至善为人生追求。"为人君主的,以仁义为内在追求;为人臣子的,以恭敬为内在追求;为人子女的,以孝顺为内在追求;为人父母的,以慈爱为内在追求;与国民相交往,以诚信为内在追求。

集注

郑玄:"于止,于鸟之所止也。就而观之,知其所止,知鸟择岑蔚安闲而止处之耳。言人亦当择礼义乐土而自止处也。《论语》曰:'里仁为美,择不处仁,焉得知?'……缉熙,光明也。此美文王之德光明,敬其所以自止处。"(《礼记正义》)

朱熹:"引此而言圣人之止,无非至善。五者乃其目之大者也。学者于此,究其精微之蕴,而又推类以尽其余,则于天下之事,皆有以知其所止而无疑矣。"(《大学章句》)

王夫之:"敬但在心体上说,止则在事上见。仁敬孝慈信,皆'安所止'之事也。缉熙者,明新之功。敬止者,明新之效。熙而缉,则不已于明新,而必止于至善也。"(《读四书大全》)

子曰[1]:"听讼[2],吾犹[3]人也。必也使无讼[4]乎!"无情者不得尽其辞[5],大畏民志[6],此谓知本[7]。

注释

[1]子曰:孔子的言语,见《论语·颜渊》。

[2]听讼:审案。主要指司法者听取人民的诉讼。

[3]犹:同。

[4]讼:诉讼。

[5]无情者不得尽其辞:情,实也。《礼记正义》郑玄注:"无实者多虚诞之辞,圣人之听讼与人同耳。必使民无实者不敢尽其辞,大畏其心志,使诚其意不敢讼。"辞,言辞。

[6]大畏民志:畏,畏服。民志,民心。

[7]本:本根。文中"知本"实指"使无讼"是根本之事。

译 文

孔子说:"审理案件的时候,我和其他人一样,都是从使诉讼事情不再发生的角度出发的。"使隐瞒真相者不得再讲虚假的话,人人都畏服民心,这就叫作知道事物的本根。

集 注

孔颖达:"此一经广明诚意之事,言圣人不惟自诚己意,亦服民使诚意也。"(《礼记正义》)

朱熹:"引夫子之言,而言圣人能使无实之人不敢尽其虚诞之辞。盖我之明德既明,自然有以畏服民之心志,故讼不待听而自无也。观于此言,可以知本末之先后矣。"(《大学章句》)

所谓修身在正其心者,身有所忿懥[1],则不得其正[2];有所恐惧,则不得其正;有所好乐[3],则不得其正;有所忧患,则不得其正。心不在焉,视而不见,听而不闻,食而不知其味。此谓修身在正其心。

注 释

[1]忿懥:二者都为愤怒的意思。《礼记正义》孔颖达疏:"言因怒而违于正也。所以然者,若遇忿怒,则违于理,则失于正也。"

[2]不得其正:正,正道。意即不能如理所行。

[3]好乐:二者都为喜爱的意思。

译文

所谓"修养身心的基础在于端正内心"的意思是:身心怀有愤怒的情绪,就不能合乎正道;怀有恐惧的情绪,就不能合乎正道;怀有喜好的情绪,就不能合乎正道;怀有忧虑的情绪,就不能合乎正道。当心志不能够专注时,视觉看不见东西,听觉听不到东西,味觉感受不到味道。这就是所说的修养身心的基础在于端正内心。

集注

孔颖达:"此言修身之本,必在正心。若心之不正,身亦不修。若心之不在,视听与食,不觉知也。是心为身本,修身必在于正心也。"(《礼记正义》)

朱熹:"心有不存,则无以检其身,是以君子必察乎此而敬以直之,然后此心常存而身无不修也。"(《大学章句》)

王夫之:"不动其心,元不在不动上做工夫。孟子曰:'不动心有道。'若无道,如何得不动?其道固因乎意诚,而顿下处自有本等当尽之功,故程子又云:'未到不动处,须是执持其志。'不动者,心正也;执持其志者,正其心也。"(《读四书大全》)

所谓齐其家在修其身者,人之其所亲爱而辟[1]焉,之其所贱[2]恶而辟焉,之其所畏敬而辟焉,之其所哀矜[3]而辟焉,之其所敖惰[4]而辟焉。故好而知其恶,恶而知其美者,天下鲜矣。故谚[5]有之曰:"人莫知其子之恶,莫知其苗之硕[6]。"此谓身不修不可以齐其家。

注释

[1]辟:同"僻",偏颇之意。朱熹《大学章句》:"辟,犹偏也。"
[2]贱:轻视。
[3]哀矜:同情,怜悯。
[4]敖惰:敖,同"傲",骄傲。惰,怠慢。
[5]谚:俗语。

[6]硕:茁壮。

译文

所谓"安顿家庭的基础在于修养身心"的意思是:人们对于自己所喜爱的人的行为,认识有所偏颇;对于自己所轻视厌恶的人的行为,认识有所偏颇;对于自己所怜悯的人的行为,认识有所偏颇;对于自己轻视而怠慢的人的行为,认识有所偏颇。因此,喜欢一个人而看到他的缺点,讨厌一个人而看到他的优点,这样的人是世间少有的。因此,俗语说:"人们不知道自己儿子的缺点,不知道禾苗的茁壮。"这就是所谓的不修养身心则不能安顿好家庭的道理。

集注

孔颖达:"人心多偏,若心爱好之,而多不知其恶。若嫌恶之,而多不知其美。今虽爱好,知彼有恶事;虽憎恶,知彼有美善,天下之内,如此者少矣。"(《礼记正义》)

朱熹:"五者,在人本有当然之则;然常人之情惟其所向而不加审焉,则必陷于一偏而身不修矣。"(《大学章句》)

王夫之:"唯身之有辟,故随其辟以为好恶,而教之失宜。如其无辟,则于身取则,而自有以洞知人之美恶。知其如此者之为不孝、不弟、不慈,则严戒之得矣。知其如此者之为能孝、能弟、能慈,则奖掖之得矣。"(《读四书大全》)

所谓治国必先齐其家者,其家不可教[1]而能教人者,无之。故君子不出家而成教于国。孝者,所以事君也;弟[2]者,所以事长[3]也;慈者,所以使众[4]也。

注释

[1]教:教导。
[2]弟:同"悌",即弟敬爱兄长。
[3]长:长辈。
[4]使众:使得民众顺从。

译文

所谓"治理国家的基础在于安顿家庭"的意思是:如果不能做到教导家庭而能教导民众,这是不可能的。因此,君子教导民众离不开他的家庭教导。孝顺父母,是侍奉君主的基础;敬爱兄长,是孝敬长辈的基础;关爱子女,是教化民众的基础。

集注

朱熹:"身修,则家可教矣;孝、弟、慈,所以修身而教于家者也;然而国之所以事君事长使众之道不外乎此。此所以家齐于上,而教成于下也。"(《大学章句》)

《康诰》[1]曰:"如保赤子[2]。"心诚求之,虽不中[3]不远矣。未有学养子而后嫁者也。一家仁,一国兴仁;一家让,一国兴让;一人贪戾[4],一国作乱;其机[5]如此。此谓一言偾[6]事,一人定国。尧、舜率[7]天下以仁,而民从之;桀、纣率天下以暴[8],而民从之。其所令反其所好,而民不从。是故君子有诸己而后求诸人,无诸[9]己而后非诸人。所藏乎身不恕,而能喻诸人者[10],未之有也。故治国在齐其家。

注释

[1]《康诰》:指《尚书·周书·康诰》。
[2]赤子:婴儿貌。《礼记正义》孔颖达疏:"赤子,谓心所爱之子。言治民之时,如保爱赤子,爱之甚也。"
[3]中:原意为发箭中的,引申为符合。
[4]贪戾:贪婪,暴戾。
[5]机:机要。《礼记正义》孔颖达疏:"机,谓关机也。动于近,成于远,善恶之事,亦发于身而及于一国也。"
[6]偾:原意为跌倒,引申为失败。
[7]率:率领。
[8]暴:暴戾。
[9]诸:"之于"的合音。《礼记正义》孔颖达疏:"谓君子有善行于己,而后

可以求于人,使行善行也。谓于己有仁让,而后可求于人之仁让也。"意为先正己而后正人。

[10]所藏乎身不恕,而能喻诸人者:恕,推己,意为用同样标准来衡量别人与自己。喻,明白。《礼记正义》孔颖达疏:"'所藏乎身不恕,而能喻诸人者,未之有也'者,谓所藏积于身既不恕实,而能晓喻于人,使从己者,未之有也。言无善行于身,欲晓喻于人为善行,不可得也。"

译文

《尚书·周书·康诰》说:"爱护民众如同母亲保育婴儿一样。"真诚实意地爱护民众,虽然不能恰到好处,但亦相差不远。这就像没有女性需要学习养育子女然后才出嫁一样。君主的家庭讲仁爱,国家便会兴起仁爱;君主的家庭讲礼让,国家便会兴起礼让;君主个人贪婪暴戾,国家便会动乱不安。其中的关键在于此。所谓一句话可以使国家覆灭,一个人就可以使国家安定。尧和舜以仁爱表率天下,民众就会顺从他们实现仁爱;桀和纣以暴虐统治天下,民众就会跟随他们实施暴虐。如果君主要求民众做违背自己喜好的事情,民众就不会顺从。因此,君子自己能够做到才会要求别人也做到,自己不这样做也不会要求别人这样做。如果君主不以推己及人的方式对待民众,还能让民众明白他的意思并追随他,这是从未有过的事情。因此,治理国家的基础在于安顿家庭。

集注

朱熹:"有善于己,然后可以责人之善;无恶于己,然后可以正人之恶。皆推己以及人,所谓恕也,不如是,则所令反其所好,而民不从矣。"(《大学章句》)

《诗》[1]云:"桃之夭夭[2],其叶蓁蓁[3]。之子于归[4],宜[5]其家人。"宜其家人,而后可以教国人。《诗》[6]云:"宜兄宜弟。"宜兄宜弟,而后可以教国人。《诗》[7]云:"其仪不忒[8],正是四国。"其为父子兄弟足法,而后民法之也。此谓治国在齐其家。

注释

[1]《诗》:指《诗经·周南·桃夭》。
[2]桃之夭夭:桃,桃花。诗中以桃花比喻女子。夭夭,美丽的样子。

[3]蓁蓁：茂盛、美丽的样子。

[4]之子于归：之子，诗中指代女子。于归，指女子出嫁。女子出嫁而后有家，所以称为"归"。

[5]宜：和善。《礼记正义》孔颖达疏："宜，可以为夫家之人。"

[6]《诗》：指《诗经·小雅·蓼萧》。

[7]《诗》：指《诗经·曹风·鸤鸠》。

[8]其仪不忒：仪，仪表。忒，差错。《礼记正义》孔颖达疏："言在位之君子，威仪不有差忒，可以正长是四方之国，言可法则也。"

译 文

《诗经·周南·桃夭》说："这个女子就像茂盛而美丽的桃花，使其家人和睦。"能够使家庭和睦，就能使国人得到教化。《诗经·小雅·蓼萧》说："使兄弟和睦。"能够使兄弟和睦，就能使国人得到教化。《诗经·曹风·鸤鸠》说："君主的言行举止没有差错，可以匡正四方国邦。"君主作为父亲、儿子、兄弟，其行为可以作表率，然后人民才可以效法。这就是所说的治理国家的基础在于安顿家庭。

所谓平天下在治其国者，上老老[1]而民兴孝，上长长[2]而民兴弟，上恤孤而民不倍[3]，是以君子有絜矩之道[4]也。所恶于上，毋以使下；所恶于下，毋以事上；所恶于前，毋以先后；所恶于后，毋以从前；所恶于右，毋以交于左；所恶于左，毋以交于右；此之谓絜矩之道。

注 释

[1]老老：孝顺长辈。前一"老"为动词，后一"老"为名词。朱熹《大学章句》："老老，所谓老吾老也。"

[2]长长：敬重兄长。前一"长"为动词，后一"长"为名词。

[3]上恤孤而民不倍：恤，体恤。孤，孤儿。《礼记正义》郑玄注："恤，忧也。"倍，通"背"，背弃。

[4]絜矩之道：絜，量度。矩，画方形的工具，引申为规则。《礼记正义》孔颖达疏："言君子有执结持矩法之道，动而无失，以此加物，物皆从之也。"絜矩之道就是指以身作则，推己及人。

译 文

所谓"平定天下的基础在于治理国家"的意思是:君主能够孝敬父母,民众也就能够做到孝敬父母;君主能够尊重长辈,民众也就能够做到尊重长辈;君主能够体恤孤弱,民众也就能够做到体恤孤弱。因此,君主应当推己及人、以身作则。上位者的行为为我所厌恶,我就不以此对待下位者;下位者的行为为我所厌恶,我就不以此对待上位者;前面的人的行为为我所厌恶,我就不以此对待后面的人;后面的人的行为为我所厌恶,我就不以此对待前面的人;右面的人的行为为我所厌恶,我就不以此对待左面的人;左面的人的行为为我所厌恶,我就不以此对待右面的人。这就是推己及人、以身作则的道理。

集 注

郑玄:"'絜矩之道',善持其所有,以恕于人耳。治国之要尽于此。言治民之道无他,取于己而已。"(《礼记正义》)

孔颖达:"自此以下至终篇,覆明上文'平天下在治其国'之事。但欲平天下,先须治国,治国事多,天下理广,非一义可了,故广而明之。言欲平天下,先须修身,然后及物。自近至远,自内至外,故初明'絜矩之道',次明散财于人之事,次明用善人、远恶人。此皆治国、治天下之纲,故总而详说也。"(《礼记正义》)

朱熹:"言此三者,上行下效,捷于影响,所谓家齐而国治也。亦可以见人心之所同,而不可使有一夫之不获矣。是以君子必当因其所同,推以度物,使彼我之间各得分愿,则上下四旁均齐方正,而天下平矣。此覆解上文'絜矩'二字之义。如不欲上之无礼于我,则必以此度下之心,而亦不敢以此无礼使之。不欲下之不忠于我,则必以此度上之心,而亦不敢以此不忠事之。至于前后左右,无不皆然,则身之所处,上下、四旁、长短、广狭,彼此如一,而无不方矣。彼同有是心而兴起焉者,又岂有一夫之不获哉。所操者约,而所及者广,此平天下之要道也。"(《大学章句》)

王夫之:"民之所好,民之所恶,矩之所自出也。有絜矩之道,则已好民之好,恶民之恶矣。"(《读四书大全》)

《诗》[1]云:"乐只君子[2],民之父母。"民之所好好之[3],民之所恶恶之[4],此之谓民之父母。《诗》[5]云:"节[6]彼南山,维石岩岩[7]。赫赫师尹[8],民具尔瞻[9]。"有国者不可以不慎,辟则为天下僇矣[10]。《诗》[11]云:"殷之未丧师[12],克配[13]上帝。仪监于殷[14],峻命不易[15]。"道得众则得国,失众则失国。

注释

[1]《诗》:指《诗经·小雅·南山有台》。
[2]乐只君子:乐,喜悦。只,语气助词。
[3]所好好之:前一"好"为名词,后一"好"为动词。意即君主以民众喜好为其所喜好。
[4]所恶恶之:前一"恶"为名词,后一"恶"为动词。意即君主以民众厌恶为其所厌恶。此处最能体现《大学》的政治哲学观念,即由公恕之义而来。承接"天视自我民视,天听自我民听"以及孟子"民贵"思想。
[5]《诗》:指《诗经·小雅·节南山》。
[6]节:高大貌。感叹南山高峻之词。
[7]维石岩岩:维,发语词。岩岩,险峻的样子。
[8]赫赫师尹:赫赫,威严的样子。师尹,太师伊尹。
[9]民具尔瞻:具,同"俱"。瞻,看。
[10]辟则为天下僇矣:辟,同"僻",偏离。僇,同"戮",诛杀。
[11]《诗》:指《诗经·大雅·文王》。
[12]殷之未丧师:殷,殷商,即商朝。师,民众。
[13]克配:能够符合。
[14]仪监于殷:仪,同"宜",应该。监,借鉴。
[15]峻命不易:峻命,统治者所受之天命。不易,不容易保有。

译文

《诗经·小雅·南山有台》说:"快乐的明君,就像民众的父母一样。"民众喜欢的,他就喜欢;民众厌恶的,他就厌恶。这就是所谓的君主像民众的父母。《诗经·小雅·节南山》说:"高耸的南山,岩石险峻,威严的太师伊尹,民众都会看着你的行为。"治理国家的人不可以不谨慎,偏离正道,就会被天下的民众所诛杀。《诗经·大雅·文王》说:"殷商没有失去民众时,是因为能够符合天道。君主应该以殷商为借鉴,天命是不容易保有的。"得民心则能治理好国家,失去民心则会使国家覆亡。

集注

孔颖达:"言民皆视上所行而则之,不可不慎其德乎,宜慎之也。"(《礼记正义》)

朱熹:"言在上者人所瞻仰,不可不谨。若不能絜矩而好恶徇于一己之偏,则身弑国亡,为天下之大戮矣。"(《大学章句》)

是故君子先慎乎德[1]。有德此[2]有人,有人此有土,有土此有财,有财此有用。德者本也,财者末也。外本内末[3],争民施夺[4]。是故财聚则民散,财散则民聚。是故言悖[5]而出者,亦悖而入;货悖而入者,亦悖而出。

注释

[1]是故君子先慎乎德:慎,固守。意为修身由自身谨慎而始。
[2]此:乃。
[3]外本内末:外,忽视。内,重视。意为忽视德性而重视财货。
[4]争民施夺:争民,与民争利。施夺,实施抢夺。
[5]悖:不合理。《礼记正义》郑玄注:"若人君政教之言悖逆人心而出行者,则民悖逆君上而入以报答也,谓拒违君命也。"

译文

因此,君子首先应该以固守道德为本。君主有德,民众就会归附;民众归附,就会有土地;拥有土地,就会收获财货;收获财货,就会有所作为。道德是根本,财货是枝节。如果忽略道德而重视财货,那便是与民争利,实施抢夺。君主重财轻德,民众便会离弃;君主轻财重德,民众便会归附。君主说话不合道理,民众同样以不合道理的方式响应;君主以不合理的方式掠夺民众的钱财,民众同样以不合理的方式响应。

集注

郑玄:"言君有逆命,则民有逆辞也。上贪于利,则下人侵畔。"(《礼记正义》)

朱熹:"以此言之出入,明货之出入也。自先慎乎德以下至此,又因财货以明能絜矩与不能者之得失也。"(《大学章句》)

《康诰》曰:"惟命不于常[1]。"道善则得之,不善则失之矣。《楚书》[2]曰:"楚国无以为宝,惟善以为宝。"舅犯[3]曰:"亡人[4]无以为宝,仁亲以为宝。"

注释

[1]惟命不于常:命,天命,又指政权的合法性根据。常,永恒。
[2]《楚书》:楚昭王时的史书。
[3]舅犯:晋文公重耳的舅舅狐偃,字子犯。
[4]亡人:流亡的人,指重耳。

译文

《康诰》说:"天命并非永恒不变。"君主实施善道就能治理好国家,获得天命的支持,没有遵行善道就不能治理好国家,就会失去天命的支持。《楚书》说:"楚国没有什么宝物,只有美好的道德才是无价之宝。"晋文公重耳的舅舅狐偃说:"晋文公没有什么宝物,仁义道德才是他的宝物。"

集注

朱熹:"因上文引《文王》诗之意而申言之,其丁宁反复之意益深切矣……言不宝金玉而宝善人也。"(《大学章句》)

《秦誓》[1]曰:"若有一介臣,断断兮无他技[2],其心休休[3]焉,其如有容[4]焉。人之有技,若己有之;人之彦圣[5],其心好之,不啻若自其口出[6],实能容之,以能保我子孙黎民,尚亦有利哉!人之有技,媢嫉[7]以恶之;人之彦圣,而违之俾不通[8],实不能容,以不能保我子孙黎民,亦曰殆哉!"唯仁人放流之,迸诸四夷[9],不与同中国[10]。此谓唯仁人为能爱人,能恶人。见贤而不能举,举而不能先,命[11]也;见不善而不能退,退而不能远,过也。好人之所恶,恶人之所好,是谓拂人之性,灾必逮[12]夫身。是故君子有大道,必忠信以得之,骄泰[13]以失之。

注释

[1]《秦誓》:《尚书·周书》中的一篇。

[2]断断兮无他技:断断,真诚的样子。技,技能。意为诚实而没有技巧。

[3]休休:宽宏大量。

[4]容:宽容。

[5]彦圣:彦,美。圣,智。

[6]不啻若自其口出:不啻,不但。这是说有容人之量的人对他人的美言智计,都觉得和自己所说的一样。

[7]媢嫉:嫉妒。

[8]违之俾不通:违,阻碍。俾,使。此句亦表达不能容物之意。

[9]迸诸四夷:迸,通"摒",摒弃。四夷,四方的落后民族。

[10]中国:国内的中心地带。

[11]命:此处汉儒郑玄认为是误字。应为"慢",意即轻慢。

[12]逮:到。

[13]骄泰:骄横放纵。

译文

《秦誓》说:"如果有位臣子为人真诚,没有什么技能,但其心胸宽广,有容人之量。人有什么技能,他都能视如己有;遇到德才之士,他心悦诚服,不只是口头迎合,而是真诚地包容,这样的人能保护我们的子孙后代和黎民百姓,对国家是有利的好事。相反,如果别人有本领,他就嫉妒厌恶;排挤德才之士,使德才之士施展才华受阻,这不是真正的包容,也不能保护我们的子孙后代和黎民百姓,这对国家来说是危险的。"只有仁义之士,将嫉才者流放,流放到四方的落后民族,不让他们在国家的中心地区居住。这就是所谓的仁义之士能真正喜爱好人,厌恶坏人。看到德才之人而不能举荐,即使举荐也不能放在首要位置,这是轻慢；见到坏人不保持距离，就算保持距离也不会疏远，这是过错。喜好别人讨厌的，讨厌别人喜好的，这违反人的本性，灾祸必然降临在自己身上。因此，君子真正的道路，一定是通过忠诚守信获得，骄横放纵就会失去。

集 注

孔颖达："'唯仁人放流之，迸诸四夷，不与同中国'者，言唯仁人之君，能放流此蔽善之人，使迸远在四夷，不与同在中国。若舜流四凶，而天下咸服是也。'此谓唯仁人为能爱人，能恶人'者，既放此蔽贤之人远在四夷，是仁人能爱善人，恶不善之人。'见贤而不能举，举而不能先，命也'者，此谓凡庸小人，见此贤人而不能举进于君。假设举之，又不能使在其己之先，是为慢也。谓轻慢于举人也。'见不善而不能退，退而不能远，过也'者，此谓小人见不善之人而不能抑退之。假令抑退之，而不能使远退之。"（《礼记正义》）

朱熹："言有此媢疾之人，妨贤而病国，则仁人必深恶而痛绝之。以其至公无私，故能得好恶之正如此也。若此者，知所爱恶矣，而未能尽爱恶之道，盖君子而未仁者也。好善而恶恶，人之性也；至于拂人之性，则不仁之甚者也。自《秦誓》至此，又皆以申言好恶公私之极，以明上文所引《南山有台》《节南山》之意。"（《大学章句》）

生财有大道，生之者众，食之者寡，为之者疾[1]，用之者舒[2]，则财恒足矣。仁者以财发身[3]，不仁者以身发财。未有上好仁而下不好义者也，未有好义其事不终者也，未有府库[4]财非其财者也。

注 释

[1] 疾：迅速。
[2] 舒：缓慢。
[3] 以财发身：舍弃钱财以成就自身德性。
[4] 府库：国家贮存财物的地方。

译 文

促生财货自有其大道理，从事生产的人口要多，不参加生产而依靠别人的人口要少，生产财货的速度要快，使用财货的速度要慢，这样财货就会永远充足。有仁义的人，会舍弃钱财以成就自身德性；没有仁义的人，会舍弃自身的德性以追求钱财。没有上位者喜好仁德而下位者不追求忠义的，没有忠义的人做的事情没有善终的，没有国库里的财物不属于国君的。

集注

孔颖达："言君行仁道，则臣必为义。臣既行义，事必终成。以至诚相感，必有实报，如己有府库之财，为己所有也。其为诚实而然，言不虚也。"（《礼记正义》）

朱熹："上好仁以爱其下，则下好义以忠其上；所以事必有终，而府库之财无悖出之患也。"（《大学章句》）

孟献子[1]曰："畜马乘不察于鸡豚[2]，伐冰之家[3]不畜牛羊，百乘之家[4]不畜聚敛之臣[5]。与其有聚敛之臣，宁有盗臣[6]。"此谓国不以利为利，以义为利也。长国家而务财用者[7]，必自小人矣。彼为善之，小人之使为国家，灾害并至。虽有善者，亦无如之何[8]矣！此谓国不以利为利，以义为利也。

注释

[1]孟献子：鲁国大夫，姓仲孙名蔑，献子是谥号。

[2]畜马乘不察于鸡豚：畜，养。乘，指用四匹马拉的车。畜马乘，士人初做大夫的待遇。察，关注。豚，小猪。

[3]伐冰之家：指丧祭时能用冰保存遗体的人家，这是卿大夫类高官的待遇。

[4]百乘之家：拥有一百辆马车的人家，指有封地的诸侯王。

[5]聚敛之臣：搜刮钱财的家臣。

[6]盗臣：盗窃主人家财物的家臣。

[7]长国家而务财用者：长国家，掌管国家者，指君主。务财用，以搜刮钱财为要务。

[8]无如之何：没有办法。

译文

孟献子说:"初做大夫便拥有马匹的士人,不会关心养鸡和养猪的事;祭祀能用冰的卿大夫官员,不会饲养牛羊;有百辆战车的诸侯王,不收养聚敛钱财的家臣。君子宁愿收养偷盗自家财物的家臣,也不愿收养聚敛钱财的家臣。这就是治理国家不以利益为追求,而是以仁义为追求的道理。"掌管国家而以聚敛为要务的人,一定自身就是小人。小人擅长聚敛钱财,若为一国之君,国家便会灾祸频发。虽然有君子在世,但也无法挽救。这就是治理国家不以利益为追求,而是以仁义为追求的道理。

集注

郑玄:"君将欲以仁义善其政,而使小人治其国家之事,患难猥至,虽云有善,不能救之,以其恶之已著也。"(《礼记正义》)

朱熹:"凡传十章:前四章统论纲领指趣,后六章细论条目功夫。其第五章乃明善之要,第六章乃诚身之本,在初学尤为当务之急,读者不可以其近而忽之也。"(《大学章句》)

参考文献

一、古籍文献

[1] 班固.汉书[M].颜师古,注.北京:中华书局,1962.

[2] 陈确.陈确集[M].北京:中华书局,1979.

[3] 程颢,程颐.二程集[M].王孝鱼,点校.北京:中华书局,2004.

[4] 韩愈.韩愈文集汇校笺注[M].刘真伦,岳珍,校注.北京:中华书局,2010.

[5] 黎靖德.朱子语类[M].王星贤,点校.北京:中华书局,1986.

[6] 李翱.李文公集[M].上海:上海古籍出版社,1993.

[7] 刘宗周.刘宗周全集[M].吴光,主编.杭州:浙江古籍出版社,2007.

[8] 陆德明.经典释文序录疏证[M].吴承仕,疏证.张力伟,点校.北京:中华书局,2008.

[9] 皮锡瑞.经学通论[M].北京:中华书局,2015.

[10] 阮元.十三经注疏[M].北京:中华书局,1980.

[11] 司马光.温公易说[M].上海:上海古籍出版社,1989.

[12] 司马光.司马温公集编年笺注[M].李之亮,笺注.成都:巴蜀书社,2009.

[13] 司马光.司马光集[M].李文泽,霞绍晖,校点.成都:四川大学出版社,2010.

[14] 脱脱,等.宋史[M].北京:中华书局,1985.

[15] 王夫之.船山全书[M].杨坚,总修订.长沙:岳麓书社,2011.

[16] 王守仁.阳明先生集要[M].施邦曜,辑评.王晓昕,赵平略,点校.北京:中华书局,2008.

[17] 王守仁.王阳明全集[M].吴光,钱明,董平,等编校.上海:上海古籍出

版社,2011.
[18]卫湜.礼记集说[M].长春:吉林出版集团有限责任公司,2005.
[19]永瑢,等.四库全书总目[M].北京:中华书局,2008.
[20]张载.张载集[M].章锡琛,点校.北京:中华书局,1978.
[21]张载.张子全书[M].林乐昌,编校.西安:西北大学出版社,2015.
[22]赵匡.春秋集传纂例[M].上海:上海书店出版社,2012.
[23]郑玄,注.孔颖达,疏.礼记正义[M].上海:上海古籍出版社,2008.
[24]朱熹.四书章句集注[M].北京:中华书局,1983.
[25]朱熹.朱子全书[M].朱杰人,严佐之,刘永翔,主编.上海:上海古籍出版社;合肥:安徽教育出版社,2002.
[26]朱彝尊.经义考[M].北京:中华书局,1998.

二、今人著作

[1]蔡仁厚.宋明理学·北宋篇[M].长春:吉林出版集团有限责任公司,2009.
[2]陈来.中国近世思想史研究[M].北京:商务印书馆,2003.
[3]陈来.宋明理学[M].上海:华东师范大学出版社,2004.
[4]陈来.早期道学话语的形成与演变[M].合肥:安徽教育出版社,2007.
[5]陈来.朱子哲学研究[M].北京:生活·读书·新知三联书店,2010.
[6]陈来.诠释与重建:王船山的哲学精神[M].北京:生活·读书·新知三联书店,2010.
[7]陈力祥.王船山礼学思想研究[M].成都:巴蜀书社,2008.
[8]陈群.明清之际《大学》诠释研究[M].北京:科学出版社,2017.
[9]陈荣捷.宋明理学之概念与历史[M].台北:"中央研究院"中国文哲研究所,1996.
[10]陈寅恪.金明馆丛稿初编[M].上海:上海古籍出版社,1980.
[11]陈政扬.张载思想的哲学诠释[M].台北:文史哲出版社,2007.
[12]陈植锷.北宋文化史述论[M].北京:中华书局,2019.
[13]丁为祥.虚气相即:张载哲学体系及其定位[M].北京:人民出版社,2000.
[14]丁为祥.学术性格与思想谱系:朱子的哲学视野及其历史影响的发生学考察[M].北京:人民出版社,2012.

[15] 东方朔. 刘蕺山哲学研究[M]. 上海：上海人民出版社,1997.

[16] 冯友兰. 中国哲学史[M]. 北京：商务印书馆,2011.

[17] 高海波. 慎独与诚意：刘蕺山哲学思想研究[M]. 北京：生活·读书·新知三联书店,2016.

[18] 顾宏义. 宋代《四书》文献论考[M]. 上海：上海古籍出版社,2014.

[19] 郭沫若. 十批判书[M]. 北京：人民出版社,2012.

[20] 郭晓东. 识仁与定性：工夫论视域下的程明道哲学研究[M]. 上海：复旦大学出版社,2006.

[21] 韩星.《大学》《中庸》解读[M]. 北京：中国社会科学出版社,2018.

[22] 黄俊杰. 东亚儒者的《四书》诠释[M]. 上海：华东师范大学出版社,2008.

[23] 黄俊杰. 东亚儒学：经典与诠释的辩证[M]. 上海：华东师范大学出版社,2012.

[24] 姜广辉. 中国经学思想史：第4卷[M]. 北京：中国社会科学出版社,2010.

[25] 李纪祥. 两宋以来大学改本之研究[M]. 台北：学生书局,1988.

[26] 林乐昌. 正蒙合校集释[M]. 北京：中华书局,2012.

[27] 刘丰. 北宋礼学研究[M]. 北京：中国社会科学出版社,2016.

[28] 蒙培元. 理学范畴系统[M]. 北京：人民出版社,1989.

[29] 钱穆. 四书释义[M]. 北京：九州出版社,2010.

[30] 王文锦. 大学中庸译注[M]. 北京：中华书局,2013.

[31] 向世陵. 宋代经学哲学研究·基本理论卷[M]. 上海：上海科学技术文献出版社,2014.

[32] 徐复观. 中国人性论史·先秦篇[M]. 北京：九州出版社,2014.

[33] 徐洪兴. 唐宋之际儒学转型研究[M]. 上海：上海人民出版社,2018.

[34] 许家星. 经学与实理：朱子四书学研究[M]. 北京：中国社会科学出版社,2021.

[35] 杨儒宾. 从五经到新五经[M]. 上海：上海古籍出版社,2019.

[36] 杨天宇. 礼记译注[M]. 上海：上海古籍出版社,2004.

[37] 乐爱国. 朱子格物致知论研究[M]. 长沙：岳麓书社,2010.

[38] 张岱年. 中国哲学大纲[M]. 北京：商务印书馆,2015.

[39] 张兴.宋代《大学》思想演变研究[M].北京:中国社会科学出版社,2021.

[40] 周春健.宋元明清四书学编年[M].台北:万卷楼图书股份有限公司,2012.

[41] 朱汉民,肖永明.宋代《四书》学与理学[M].北京:中华书局,2009.

三、学位论文

[1] 包米尔.司马光哲学思想研究[D].北京:中央民族大学,2017.

[2] 丁涛.程颢理学思想研究[D].西安:西北大学,2019.

[3] 韩丽华.回归诚明:李翱《复性书》研究[D].苏州:苏州大学,2012.

[4] 陆建猷.《四书集注》与南宋四书学[D].西安:西北大学,1999.

[5] 潘斌.宋代《礼记》学研究[D].成都:四川大学,2009.

[6] 张恒.理学的发生:基于范式转换的视角[D].济南:山东大学,2020.

[7] 赵瑞广.庆历之际的文化转型:宋学的历史生成[D].杭州:浙江大学,2010.

[8] 邹晓东.《大学》:其问题意识与文本解读[D].济南:山东大学,2009.

四、期刊论文

[1] 蔡方鹿,蒋小云.宋学经典诠释的哲学意蕴[J].哲学研究,2005(6):49-55.

[2] 陈来.王船山的气善论与宋明儒学气论的完成:以"读孟子说"为中心[J].中国社会科学,2003(5):111-125,207-208.

[3] 陈来.宋明儒学的"天地之心"论及其意义[J].江海学刊,2015(3):11-20.

[4] 陈来.《大学》的作者、文本争论与思想诠释[J].东岳论丛,2020(9):126-135.

[5] 陈立胜.儒学经传的怀疑与否定中的论说方式:以王阳明、陈确的《大学》辨正为例[J].中国哲学史,2002(2):55-63.

[6] 陈明."修己"与"治人":王船山对《大学》义理的重构与阐发[J].儒家典籍与思想研究,2010(0):622-646.

[7] 陈少明.经典解释与哲学研究[J].中山大学学报(社会科学版),2003(2):1-3.

[8] 戴兆国.论中国传统哲学经典诠释之方法:以《大学》文本诠释为中心

[J].华东师范大学学报(哲学社会科学版),2006(6):9-14.

[9] 邓辉.王船山四书学思想研究略论[J].中国哲学史,2010(3):100-104.

[10] 丁四新.作为中国哲学关键词的"性"概念的生成及其早期论域的开展[J].中央民族大学学报(哲学社会科学版),2021(3):24-38.

[11] 丁为祥.张载虚气观解读[J].中国哲学史,2001(2):46-54.

[12] 丁为祥.宋明理学对自然秩序与道德价值的思考:以张载为中心[J].文史哲,2009(2):77-86.

[13] 丁为祥.《大学》今古本辨正[J].陕西师范大学学报(哲学社会科学版),2011(4):77-91.

[14] 丁为祥.宇宙本体论与本体宇宙论:兼论朱子对《太极图说》的诠释[J].文史哲,2018(4):40-49,165-166.

[15] 高海波.试论刘宗周的"格物"思想[J].中国哲学史,2009(3):41-50.

[16] 高海波.宋明理学从二元论到一元论的转变:以理气论、人性论为例[J].哲学动态,2015(12):35-42.

[17] 郭齐勇.由"四书学"的形成看儒学的开展[J].中山大学学报(社会科学版),2007(6):22-25.

[18] 郭晓东."生之谓性"与"天命之谓性":程明道"性"论研究[J].复旦学报(社会科学版),2004(1):92-98.

[19] 郭晓东.论司马光"中和"学说及其在道学史上的意义与局限[J].陕西师范大学学报(哲学社会科学版),2010(4):68-73.

[20] 郭晓东.论司马光对《中庸》"性"与"诚"的诠释:从经学史与道学史的双重脉络考察[J].复旦学报(社会科学版),2010(5):69-77,28.

[21] 郭沂.子思书再探讨:兼论《大学》作于子思[J].中国哲学史,2003(4):27-120.

[22] 胡治洪.论《大学》的作者时代及思想承传[J].陕西师范大学学报(哲学社会科学版),2008(5):30-34.

[23] 黄俊杰.论经典诠释与哲学建构之关系:以朱子对《四书》的解释为中心[J].南京大学学报(哲学·人文科学·社会科学版),2007(2):103-113.

[24] 贾艳红,姜亦刚.《大学》的著述时代考[J].山东师范大学学报(社会科学版),1998(3):49-52.

[25] 姜海军.二程对《大学》的表彰和阐发[J].信阳师范学院学报(哲学社会科学版),2007(4):110-113.

[26] 蒋国保.王阳明"《大学》古本"说生成考[J].贵阳学院学报(社会科学版),2015(4):2-5,60.

[27] 金景芳.论《中庸》的"中"与"和"及《大学》的"格物"与"致知"[J].学术月刊,2000(6):75-76.

[28] 景海峰.解释学与中国哲学[J].哲学动态,2001(7):13-18.

[29] 李存山."先识造化":张载的气本论哲学[J].中国哲学史,2009(2):59-71.

[30] 李纪祥.《四书》本《大学》与《礼记·大学》:两种文本的比较[J].文史哲,2016(4):23-44,164.

[31] 李学勤.从简帛佚籍《五行》谈到《大学》[J].孔子研究,1998(3):47-51.

[32] 梁涛.《大学》早出新证[J].中国哲学史,2000(3):88-95.

[33] 林乐昌.张载对儒家人性论的重构[J].哲学研究,2000(5):48-55.

[34] 林乐昌.张载成性论及其哲理基础研究[J].中国哲学史,2005(1):51-58.

[35] 刘依平.《大学》经典地位的确立与宋代理学的关系[J].现代哲学,2012(6):122-126.

[36] 刘泽亮.从《五经》到《四书》:儒学典据嬗变及其意义——兼论朱子对禅佛思想挑战的回应[J].东南学术,2002(6):14-19.

[37] 陆建猷.宋代四书学产生的历史动因[J].西安交通大学学报(社会科学版),2001(1):70-79.

[38] 陆永胜.《大学》工夫诠释图式重构:以朱熹、阳明的《大学》诠释为语境[J].甘肃社会科学,2014(5):35-39,81.

[39] 罗华文.《大学》成书时代新考[J].孔子研究,1996(1):114-126.

[40] 罗新慧.曾子与《大学》[J].济南大学学报(社会科学版),1999(6):33-37.

[41] 马晓英.王阳明的《大学》诠释及其思想建构[J].哲学动态,2014

(11):29-38.

[42] 任蜜林.《大学》本义试探[J].哲学研究,2011(8):64-69.

[43] 束景南,王晓华.四书升格运动与宋代四书学的兴起:汉学向宋学转型的经典诠释历程[J].历史研究,2007(5):76-94.

[44] 孙钦香.试论船山《大学》诠释的义理新路向[J].福建论坛(社科教育版),2010(10):6-7.

[45] 涂耀威.从《四书》之学到《礼记》之学:清代《大学》诠释的另一种向度[J].中国哲学史,2009(4):98-103.

[46] 肖永明.朱熹《四书》学的治学特点[J].湖南大学学报(社会科学版),2004(1):18-21.

[47] 肖永明,殷慧.北宋心性之学的发展与宋代《四书》学的形成[J].中国哲学史,2008(1):68-74.

[48] 肖永明,朱汉民.二程理学体系的建构与《四书》[J].广西师范大学学报(哲学社会科学版),2004(4):29-32.

[49] 徐洪兴,陈华波.德性实践与德性之知:论二程经学诠释的转向[J].哲学研究,2017(3):56-65,128.

[50] 许家星.求本义、发原意、砭学弊:朱子四书学诠释旨趣探幽[J].北京师范大学学报(社会科学版),2009(6):41-46.

[51] 许家星.朱子四书学形成新考[J].中国哲学史,2013(1):5-14.

[52] 杨国荣.宋明理学:内在论题及其哲学意蕴[J].学海,2012(1):149-154.

[53] 乐爱国.王阳明对朱熹格物论的误读:兼论冯友兰《中国哲学史》对朱熹理学与陆王心学的分疏[J].社会科学战线,2014(9):20-25.

[54] 张岱年.中国古典哲学中若干基本概念的起源与演变[J].哲学研究,1957(2):54-70.

[55] 赵法生.《大学》"亲民"与"新民"辨说[J].中国哲学史,2011(1):97-106.

[56] 朱汉民.实践—体验:朱熹的《四书》诠释方法[J].中国哲学史,2004(4):91-94.

[57] 朱汉民.朱熹《四书》学与儒家工夫论[J].北京大学学报(哲学社会科学版),2005(1):12-15.

[58] 朱汉民.理学、《四书》学与儒家文明[J].湖南大学学报(社会科学版),2006(2):21-25.

附　录

附录一　宋元明清《大学》主要注本目录

《大学》至宋代而成为儒家经典"四书"之首，自北宋始，历代《大学》注本数目繁多。依据《四库总目》的分类方法，将历代《大学》注本分为大学类、学庸类、四书类。佚者仅存目及著录。具体而言，宋元《大学》注本依次分为大学类91种、学庸类42种、四书类154种。明清两代，《大学》注本依次分为大学类131种、学庸类42种、四书类13种。以下所存之目，为宋元明清主要《大学》注本，并非全貌。存目的目的在于方便研习者对历代《大学》注本有初步了解，故作此目。

一、宋元《大学》注本目录

1. 大学类

大学广义　司马光

明道改本大学　程颢

伊川改本大学　程颐

大学解　吕大临

大学解　杨时

大学讲义　廖刚

大学篇　萧欲仁

大学说　张九成

大学解　喻樗

大学讲义　何佾

大学解　苏总龟
大学讲义　宋晋之
大学解　石塾
晦菴改本大学　朱熹
大学章句　朱熹
大学或问　朱熹
经筵大学讲义　朱熹
大学儒行编　陈总龟
大学义　谭惟寅
大学说　薛季宣
大学解辨　倪思
大学解　陈孔硕
大学释义　熊以宁
大学解　邵困
大学集解　陈舜申
大学讲义　孙衿
大学经一章解　黄榦
大学章句疏义　黄榦
大学思问　蔡渊
大学问答　辅广
大学口义　陈淳
大学答陈伯澡问　陈淳
大学讲义　方禾
大学发微　池从周
大学解　吴如愚
大学讲义　叶味道
大学解　赵善湘
大学集编　真德秀
大学衍义　真德秀
经筵大学讲义　真德秀
大学通义　卢孝孙

大学演说　蔡模

大学发挥　何基

大学说　陈沂

大学记　董槐

大学编　季镛

鲁斋大学　王柏

大学沿革论　大学沿革后论　王柏

大学直解　徐渊

大学说　陈尧道

大学说　程万里

大学讲义　陆鹏升

重证大学章句　车若水

大学纂疏　赵顺孙

大学解义　徐氏

大学辨问　余学古

大学讲义　吴季子

大学说　何梦桂

大学章句疏义　金履祥

大学指义　金履祥

大学演正　曾元生

大学发微　黎立武

大学本旨　黎立武

大学广义　熊禾

大学口义　熊禾

大学稽疑　胡希是

大学本末图说　程时登

大学发明　王文焕

大学集传　马端临

大学口义　吴浩

大学要略直说　许衡

大学直解　许衡

鲁斋大学诗解　许衡

答丞相问论大学明明德　许衡

大学指掌图　胡炳文

大学释旨　程仲文

大学四传小注　齐履谦

大学丛说　许谦

大学辨疑　吕洙

大学疑问　吕溥

大学总会　周公恕

大学治平龟鉴　李朝佐

大学明解　李师道

大学章图纂释　程复心

大学经传直解　钱天佑

大学通旨　蒋文质

大学说约　蔡季成

大学章句纂要　蒋玄

大学补遗　锺律

大学章旨　蒋允汶

大学章句笺注　郑仪孙

2. 学庸类

中庸大学广义　司马光

六家中庸大学解义　司马光等

四先生中庸大学解　佚名

大学中庸章句或问　朱熹

大学中庸论　杨简

中庸大学解　傅子云

中庸大学说　柴元裕

中庸大学要语　李起渭

中庸大学说要　胡氏

中庸大学讲义　谢兴甫

巴江中庸大学讲义　魏文翁

读大学中庸记　王遂
中庸大学讲义　黄必昌
大学中庸绪言　熊庆胄
发蒙中庸大学俗解　牟少真
中庸大学解　蔡元鼎
中庸大学纂述　饶鲁
学庸十一图　饶鲁
学庸约说　倪公晦
中庸大学解　谢升贤
中庸大学解　王梦松
中庸大学要义　戴景魏
中庸大学理粹　程淮
中庸大学说　刘黻
中庸大学释传　方逢辰
中庸大学说　徐氏
中庸大学章句　王幼孙
学庸集说　方燧
中庸大学说　何梦桂
论孟集注考证　金履祥
大学中庸章句　郑仪孙
学庸旨要　陈普
大学中庸孝经诸书集解音释　凌尧辅
大学中庸集说启蒙　景星
大学中庸日录　袁明善
大学中庸双说　黄文杰
大学中庸标说　秦玉
大学中庸旁注　朱升
大学中庸发微　范祖干
中庸大学章旨　郑奕夫
中庸大学述解　潘迪
庸学提要　叶瑞

3. 四书类

四书解　张九成

四书性理窟　喻樗

四书说　王时敏

四书集注章句　朱熹

四书或问　朱熹

四书语类　朱熹

　　附　四书或问小注　朱熹

四书本旨　谭惟寅

四书说　魏天佑

四书训诂　江默

　　附　四书义汇编　陆九渊

四书解义　王遇

四书集成　童伯羽

四书集成　刘爚

四书问目　刘炳

四书衍说　胡泳

四书疑义　程永奇

四书集解　陈舜申

四书问答　辅广

四书口义　陈淳

四书讲义　潘柄

四书纪闻　黄榦

四书讲义　黄士毅

四书说　叶味道

四书管见　钱时

四书集编　真德秀

四书集义　卢孝孙

四书讲义　吴昌裔

四书讲义　黄必昌

四书讲义　陈已

四书说约　田畴
四书集疏　蔡模
四书述　葛绍体
四书说　刘伯谌
四书增释　胡升
四书疑义　张津
四书定本　冯去疾
四书辑语　陈应龙
　　附　四书易编　牟子才
四书讲义　蔡元鼎
四书疑义　石赓
四书疑义　吴观
四书遗说　黄绩
四书要义　沈贵珤
标注四书　王柏
　　附　四书传　戴仔
四书解　谢升贤
四书解　诸葛泰
四书管见　章允崇
四书家说　戴侗
四书讲义　陈元大
四书纂疏　赵顺孙
四书言仁录　严肃
四书衍义　丘渐
四书集注附录　祝洙
四书管窥　胡仲云
四书集成　吴真子
四书衍义　周焱
四书解　曾子良
裕堂梅先生讲义　梅宽夫
四书解　谢枋得

四书解说　何逢原

四书补注　陈焕

四书说　缪主一

四书讲稿　黄仲元

四书发挥　吴梅

四书朱陆会同注释　举要　龚霆松

四书归极　张㙔

四书考证　卫富益

四书指要　郑朴翁

四书直解　冯奎

四书疏义　董鼎

四书句解钤键　陈普

四书讲义　陈普

四书日讲　丘葵

四书提纲　胡一桂

四书述　郭隉

四书讲义　江恺

四书标题　熊禾

四书集疏　熊禾

四书通纪　梁志道

四书笺义　赵悳

四书讲义　张庆之

四书辨疑　彭长庚

四书问对　何异孙

四书集义精要　刘因

四书选注　陈天祥

四书辨疑　陈天祥

四书引证　薛延年

四书辨疑　吕溥

四书发明　陈栎

四书讲义　四书试文　四书经疑　陈栎

四书通　胡炳文
四书辨疑　胡炳文
四书拾遗　张淳
四书纂释　刘霖
四书演义　萧元益
四书家训　石鹏
四书说　何安子
四书辨疑　陈绍大
四书疑义　牟楷
四书提要　刘彭寿
四书人名考　周良佐
四书纂笺　詹道传
四书通证　张存中
四书经疑贯通　王充耘
四书指掌图　林处恭
四书类编　汪九成
四书大义　解观
四书讲义　邵大椿
点四书凡例　包希鲁
读四书丛说　许谦
四书精要考异　安熙
四书章图纂释　程复心
四书中说　冯珵
四书语录　吴存
四书仪对　戚崇僧
四书待问　萧镒
四书一贯　黄清老
四书明辨　祝尧
四书本旨　陈樵
四书图　吴成夫
四书讲稿　傅定保

四书辑释　倪士毅

四书辑释大成　倪士毅

重订四书辑释　倪士毅

四书管窥　史伯璇

管窥外篇　史伯璇

四书述义　朱谥

四书标注　韩信同

四书辑义　马豫

四书集疏　汪炎昶

四书辨疑　孟梦恂

四书疑节　袁俊翁

四书类辨　曾贯

四书节义　边昌

四书附纂　黄宽

四书一贯录　杨维桢

四书通旨　朱公迁

四书旁注　朱升

四书备遗　陶宗仪

四书集说启蒙　景星

四书通义　桂本

四书经疑问对　董彝

四书通义　王逢

四书语录　吴迁

四书日录　袁明善

四书典要　林重器

四书辅注　宋绶

四书详说　王廉

四书集注图说　白居敬

四书十六问　蒲道源

四书语录数则　胡祗遹

四子论　王祎

二、明清《大学》注本目录

1. 人学类

皇王大学通旨举要　刘迪简

大学要旨　刘清

大学补略　傅淳

大学发微　范祖干

大学要句　刘清

大学章旨　蒋允汶

大学管窥　陈雅言

大学解义　张洪

大学正文　郑济

大学集义　徐与老

大学疑义　丁玑

大学私抄　杨守陈

大学衍义补　丘濬

大学重定本　程敏政

大学大全纂　陈一经

大学纲领图　叶应

攷定大学全　蔡清

大学拾朱　李承恩

大学稽古衍义　王启

大学衍义节略　杨廉

大学复古录　汪璪

大学集注　刘绩

大学管窥　赵璜

大学补　胡爌

大学衍义补肤见　胡士宁

大学古本旁释　王守仁

大学衍义补会要　程诰

大学信心录　朱衮

大学全文通释　崔铣
古大学测　湛若水
校定大学经传　陆深
大学指归　魏校
大学管窥　廖纪
大学传　张邦奇
大学原　方献夫
大学千虑　穆孔晖
大学稽中传　李经纶
大学古本注释　程昌
大学恭义　洪鼎
大学亿　王道
大学衍义论断　王道
古本大学后语　邹守益
大学衍义肤见　黄训
更正大学经传定本　林希元
大学义略　王渐逵
大学臆说　聂豹
大学私存　季本
大学讲章　郑守道
大学约言　周禄
大学论正　江铨
石经大学　丰坊
古本大学附录　王畿
古本大学义　蒋信
大学愚见　孟淮
大学直讲　高拱
大学记　吴桂芳
大学古本　李先芳
大学述古　万思谦
大学衍义补纂要　徐栻

古本大学解　鲁邦彦
考正大学古本　史朝富
大学说　罗汝芳
敬和堂大学述　许孚远
大学括义　耿定向
大学古今四体文　杨时乔
大学约言　李材
大学古本释　来知德
进呈大学讲章　张位
大学六书　管志道
大学注解正宗　胡时化
大学通注　朱元弼
古大学注　蔡士喈
大学疑问　姚舜牧
大学遵古编　周从龙
石经大学　唐伯元
大学就新篇　邹元标
重定大学　顾宪成
续大学衍义补　邹观光
大学宗释　邹德溥
大学繁露演　虞淳熙
大学本旨通　徐即登
石经旧本大学　钱德洪
挍复大学古本　罗大纮
古本大学释论　吴应宾
石经大学补　袁黄
大学知本大义　高攀龙
大学古本解　吴炯
大学定本　区大伦
大学心诠　李日华
续大学衍义　刘洪谟

大学古文参疑　刘宗周
石经大学疏旨　吴极
大学湖南讲　葛寅亮
大学新编　刘元卿
大学衍义补要　顾起经
石经大学质疑　瞿汝稷
大学测　吴三极
大学原本阐义　唐自明
大学衍义会补节略　杨文泽
大学古本说义　沈曙
大学管窥　林日正
大学定序　程智
大学衍注　吴钟峦
大学郁溪记　郁文初
古本大学说　张岐然
大学肤见　王立极
大学辨　陈道永
大学说　惠士奇
孔门大学述　吴肃公
大学证文　毛奇龄
大学知本图说　毛奇龄
大学订本　颜光敏
致知在格物论　司马光
格物说　刘黻
大学格物致知传　蔡烈
大学注　蔡悉
订正格物大学传　郎瑛
圣学格物通　湛若水
石经大学质疑　瞿汝稷
格物训　沈朝焕
大学本末图说　程时登

大学古今通考　刘斯源

考定石经大学经传解　邱嘉穗

大学本文　王澍

成均讲义　孙嘉淦

大学偶言　张文

古本大学解　刘醇骥

慎独格物说　凌廷堪

大学论　钱大昕

大学翼真　胡渭

大学古本说　李光地

2. 学庸类

大学中庸旁注　朱升

大学中庸发微　范祖干

大学中庸详说　曾景修

学庸句解　张蕭

大学中庸心法　李希颜

大学中庸章句　詹凤翔

学庸私录　熊钊

庸学通旨　黄润玉

学庸庭训　叶挺

学庸敷言　程先民

学庸要旨　王纶

学庸通旨　吴世忠

学庸图说　朱谏

学庸大义辨疑　学庸精义　童品

大学中庸放言　孙绪

学庸图说　朱文简

学庸臆说　施儒

学庸议　金贲亨

学庸衍义　林士元

学庸口义　章衮

学庸答问　李渭

学庸口义　马森

学庸初问　徐爌

学庸释义　游日章

学庸志略　万表

学庸大旨　吴中立

邹子学庸商求　邹元标

学庸识大录　王豫

学庸宗释　邹德溥

学庸归旨　邹德泳

学庸略　董应举

学庸达解　王振熙

学庸大旨　李鼎

大学中庸臆说　叶祺胤

学庸传宗叅补　王养性

学庸蒙筏　沈浣

学庸问辨　程珮

学庸日笺　陈元纶

尚书大学俗解辨　傅璇

学庸绪言　金镜

读大学中庸日录　康吕赐

学庸正说　赵南星

3. 四书类

四书大全　胡广

四书蒙引　蔡清

四书因问　吕柟

问辨录　高拱

四书近指　孙奇逢

四书札记　杨名时

四书会解　毛尚忠

四书通义　鲁论

四书衍　乔中和

四书大全辨　张自烈

四书翊注　刁包

三鱼堂四书大全　陆陇其

四书本义汇参　王步青

附录二　汉郑玄注、唐孔颖达疏

陆曰:"郑云:'《大学》者,以其记博学可以为政也。'"

孔颖达疏:正义曰:案郑《目录》云:"名曰《大学》者,以其记博学可以为政也。此于《别录》属《通论》。"此《大学》之篇,论学成之事,能治其国,章明其德于天下,却本明德所由,先从诚意为始。

大学之道,在明明德,在亲民,在止于至善。知止而后有定,定而后能静,静而后能安,安而后能虑,虑而后能得。物有本末,事有终始。知所先后,则近道矣。

郑玄注:"明明德",谓显明其至德也。止,犹自处也。得,谓得事之宜也。

孔颖达疏:"大学"至"道矣"。正义曰:此经大学之道,在于明明德,在于亲民,在止于至善。积德而行,则近于道也。"在明明德"者,言大学之道,在于章明己之光明之德。谓身有明德,而更章显之,此其一也。"在亲民"者,言大学之道,在于亲爱于民,是其二也。"在止于至善"者,言大学之道,在止处于至善之行,此其三也。言大学之道,在于此三事矣。"知止而后有定"者,更覆说"止于至善"之事。既知"止于至善",而后心能有定,不有差贰也。"定而后能静"者,心定无欲,故能静不躁求也。"静而后能安"者,以静故情性安和也。"安而后能虑"者,情既安和,能思虑于事也。"虑而后能得"者,既能思虑,然后于事得宜也。"物有本末,事有终始"者,若于事得宜,而天下万物有本有末,经营百事有终有始也。"知所先后"者,既能如此,天下百事万物,皆识知其先后也。"则近道矣"者,若能行此诸事,则附近于大道矣。

古之欲明明德于天下者,先治其国;欲治其国者,先齐其家;欲齐其家者,先修其身;欲修其身者,先正其心;欲正其心者,先诚其意;欲诚其意者,先致其知。

郑玄注:知,谓知善恶吉凶之所终始也。

孔颖达疏:"古之欲明明德于天下"者,前章言大学之道在明德、亲民、止善,覆说止善之事既毕,故此经明明德之理。"先治其国"者,此以积学能为明德盛极之事,以渐到。今本其初,故言欲章明己之明德,使遍于天下者,先须能治其国。"欲治其国者","先齐其家"也。"欲齐其家者,先修其身",言若欲齐家,先须修身也。"欲修其身者,先正其心",言若欲修身,必先正其心也。"欲正其心者,先诚其意"者,包总万虑谓之为心,情所意念谓之意。若欲正其心使无倾邪,必须先至诚,在于忆念也。若能诚实其意,则心不倾邪也。"欲诚其意者,先致其知"者,言欲精诚其己意,先须招致其所知之事,言初始必须学习,然后乃能有所知晓其成败,故云"先致其知"也。

致知在格物。

郑玄注:格,来也。物,犹事也。其知于善深则来善物,其知于恶深则来恶物,言事缘人所好来也。

孔颖达疏:"致知在格物",此经明初以致知,积渐而大至明德。前经从盛以本初,此经从初以至盛,上下相结也。"致知在格物"者,言若能学习招致所知。格,来也。己有所知,则能在于来物。若知善深则来善物,知恶深则来恶物。言善事随人行善而来应之,恶事随人行恶亦来应之。言善恶之来缘人所好也。

物格而后知至,知至而后意诚,意诚而后心正,心正而后身修,身修而后家齐,家齐而后国治,国治而后天下平。自天子以至于庶人,壹是皆以修身为本。其本乱而末治者否矣。其所厚者薄,而其所薄者厚,未之有也。此谓知本,此谓知之至也。

郑玄注:壹是,专行是也。

孔颖达疏:"物格而后知至"者,物既来,则知其善恶所至。善事来,则知其至于善;若恶事来,则知其至于恶。既能知至,则行善不行恶也。"知至而后意诚",既能知至,则意念精诚也。"意诚而后心正"者,意能精诚,故能心正也。"国治而后天下平"者,则上"明明德于天下",是以自天子至庶人皆然也。"壹是皆以修身为本"者,言上从天子,下至庶人,贵贱虽异,所行此者专一,以修身为本。上言诚意、正心、齐家、治国,今此独云"修身为本"者,细则虽异,其大略皆是修身也。"其本乱而末治者否矣",本乱,谓身不修。末治,谓国家治也。言己身既不修,而望家国治者否矣。否,不也。言不有此事也。"其所厚者薄,而其所薄者厚,未之有也"者,此覆说"本乱而末治否矣"之事也。譬若与人交接,应须敦厚以加于人。今所厚之处,乃以轻薄,谓以轻薄待彼人也。"其所薄者厚",谓己既与彼轻薄,欲望所薄之处以厚重报己,未有此事也。言己以厚施人,人亦厚以报己也。若己轻薄施人,人亦轻薄报己,言事厚之与薄皆以身为本也。"此谓知本,此谓知之至也"者,本,谓身也。既以身为本,若能自知其身,是"知本"也,是知之至极也。

所谓诚其意者,毋自欺也。如恶恶臭,如好好色,此之谓自谦。故君子必慎其独也。小人闲居为不善,无所不至,见君子而后厌然,掩其不善,而著其善。人之视己,如见其肺肝然,则何益矣?此谓诚于中,形于外,故君子必慎其独也。

郑玄注:谦,读为"慊",慊之言厌也。厌,读为黡,黡,闭藏貌也。

孔颖达疏:"所谓诚其意"者,自此以下,至"此谓知本",广明诚意之事。此一节明诚意之本,先须慎其独也。"毋自欺也",言欲精诚其意,无自欺诳于身,言于身必须诚实也。"如恶恶臭"者,谓臭秽之气,谓见此恶事人嫌恶之,如人嫌臭秽之气,心实嫌之,口不可道矣。"如好好色"者,谓见此善事而爱好之,如以人好色,心实好之,口不可道矣。言诚其意者,见彼好事、恶事,当须实好、恶之,不言而自见,不可外貌诈作好、恶,而内心实不好、恶也。皆须诚实矣。"此之谓自谦"者,谦,读如慊,慊然安静之貌。心虽好、恶而口不言,应自然安静也。"见君子而后厌然,掩其不善,而著其善"者,谓小人独居,无所不为,见君子而后乃厌然闭藏其不善之事,宣著所行善事也。"人之视己,如见其肺肝然,则何益矣"者,言小人为恶,外人视之,昭然明察矣,如见肺肝然。"则何益矣"者,言小人为恶,外人视之,昭然明察矣,如见肺肝,虽暂时掩藏,言何益矣。"此谓诚于中,形于外"者,言此小人既怀诚实恶事于中心,必形见于外,不可掩藏。注"谦读为慊"。正义曰:以经义之理,言作谦退之字。既无谦退之事,故读为慊,慊,不满之貌,故又读为厌,厌,自安静也。云"厌读为黡",黡为黑色,知为闭藏貌也。

曾子曰:"十目所视,十手所指,其严乎!"富润屋,德润身,心广体胖,故君子必诚其意。

郑玄注:严乎,言可畏敬也。胖,犹大也。三者,言有实于内,显见于外。

孔颖达疏:"曾子曰:十目所视"者,此经明君子修身,外人所视,不可不诚其意。作《记》之人,引曾子之言以证之。"十目所视,十手所指"者,言所指、视者众也。十目,谓十人之目,十手,谓十人之手也。"其严乎"者,既视者及指者皆众,其所畏敬,可严惮乎。"富润屋,德润身"者,此言二句为喻也。言家若富,则能润其屋,有金玉又华饰见于外也。"德润身"者,谓德能沾润其身,使身有光荣见于外也。"心广体胖"者,言内心宽广,则外体胖大,言为之于中,必形见于外也。"故君子必诚其意"者,以有内见于外,必须精诚其意,在内心不可虚也。

《诗》云:"瞻彼淇澳,菉竹猗猗。有斐君子,如切如磋,如琢如磨。瑟兮僩兮,赫兮喧兮。有斐君子,终不可諠兮。"如切如磋者,道学也。如琢如磨者,自修也。瑟兮僩兮者,恂慄也。赫兮喧兮者,威仪也。有斐君子,终不可諠兮者,道盛德至善,民之不能忘也。

郑玄注:此"心广体胖"之诗也。澳,隈崖也。"菉竹猗猗",喻美盛。斐,有文章貌也。諠,忘也。道,犹言也。恂,字或作"峻",读如严峻之"峻",言其容貌严慄也。民不能忘,以其意诚而德著也。

孔颖达疏:"《诗》云:瞻彼淇澳"者,此一经广明诚意之事,故引《诗》言学问、自新、颜色、威仪之事,以证诚意之道也。"瞻彼淇澳,菉竹猗猗"者,此《诗·卫风·淇澳》之篇,卫人美武公之德也。澳,隈也。菉,王刍也。竹,萹竹也。视彼淇水之隈曲之内,生此菉之与竹,猗猗然而茂盛,以淇水浸润故也。言视彼卫朝之内,上有武公之身,道德茂盛,亦蒙康叔之余烈故也。引之者,证诚意之道。"有斐君子"者,有斐然文章之君子,学问之益矣。"如切如磋"者,如骨之切,如象之磋,又能自修也。"如琢如磨"者,如玉之琢,如石之磨也。"瑟兮僩兮,赫兮喧兮。有斐君子,终不可諠兮"者,又瑟然颜色矜庄,僩然性行宽大,赫然颜色盛美,喧然威仪宣美,斐然文章之君子,民皆爱念之,终久不可忘也。諠,忘也。自此以上,《诗》之本文也。自此以下,记者引《尔雅》而释之。"如切如磋者,道学也"者,论道其学矣。"如琢如磨者,自修也"者,谓自修饰矣,言初习谓之学,重习谓之修,亦谓《诗》本文互而相通也。"瑟兮僩兮者,恂慄也"者,恂,读为"峻",言颜色严峻战慄也。"道盛德至善,民之不能忘也",谓善称也。"有斐君子,终不可諠兮",论道武公盛德至极美善,人之爱念不能忘也。

《诗》云:"於戏,前王不忘。"君子贤其贤而亲其亲,小人乐其乐而利其利,此以没世不忘也。

郑玄注:圣人既有亲贤之德,其政又有乐利于民。君子小人,各有以思之。

孔颖达疏:"《诗》云:於戏,前王不忘"者,此一经广明诚意之事。此《周颂·烈文》之篇也,美武王之诗。於戏,犹言呜呼矣。以文王、武王意诚于天下,故诗人叹美之,云此前世之王,其德不可忘也。"君子贤其贤而亲其亲"者,言后世贵重之,言君子皆美此前王能贤其贤人而亲其族亲也。"小人乐其乐而利其利"者,言后世卑贱小人,美此前王能爱乐其所乐,谓民之所乐者,前王亦爱乐之。"利其利"者,能利益其人之所利,民为利者,前王亦利益之。言前王施为政教,下顺人情,不夺人之所乐、利之事,故云"小人乐其乐而利其利"也。"此以没世不忘也",由前王意能精诚,垂于后世,故君子小人皆所美念。以此之故,终没于世,其德不忘也。

《康诰》曰:"克明德。"《大甲》曰:"顾諟天之明命。"《帝典》曰:"克明峻德。"皆自明也。

郑玄注:皆自明明德也。克,能也。顾,念也。諟,犹正也。《帝典》《尧典》,亦《尚书》篇名也。峻,大也。諟,或为"题"。

孔颖达疏:"《康诰》曰:克明德"者,此一经广明意诚则能明己之德。周公封康叔而作《康诰》,戒康叔能明用有德。此《记》之意,言周公戒康叔以自明其德,与《尚书》异也。"《大甲》曰:顾諟天之明命"者,顾,念也。諟,正也。伊尹戒大甲云:尔为君,当顾念奉正天之显明之命,不邪僻也。"《帝典》曰:克明峻德"者,《帝典》,谓《尧典》之篇。峻,大也。《尚书》之意,言尧能明用贤峻之德,此《记》之意,言尧能自明大德。"皆自明也",此经所云《康诰》《大甲》《帝典》等之文,皆是人君自明其德也,故云"皆自明也"。注"皆自明明德也"。正义曰:明明德必先诚其意,此经诚意之章,由初诚意也,故人先能明己之明德也。

汤之《盘铭》曰:"苟日新,日日新,又日新。"《康诰》曰:"作新民。"《诗》曰:"周虽旧邦,其命惟新。"是故君子无所不用其极。

郑玄注:盘铭,刻戒于盘也。极,犹尽也。君子日新其德,常尽心力不有余也。

孔颖达疏:"汤之《盘铭》",此一经广明诚意之事。"汤之《盘铭》"者,汤沐浴之盘,而刻铭为戒。必于沐浴之盘者,戒之甚也。"苟日新"者,此《盘铭》辞也。非唯洗沐自新。苟,诚也。诚使道德日益新也。"日日新"者,言非唯一日之新,当使日日益新。"又日新"者,言非唯日日益新,又须恒常日新,皆是丁宁之辞也。此谓精诚其意,修德无已也。"《康诰》曰:作新民"者,成王既伐管叔、蔡叔,以殷余民封康叔,《诰》言殷人化纣恶俗,使之变改为新人。此《记》之意,自念其德为新民也。"《诗》曰:周虽旧邦,其命惟新"者,此《大雅·文王》之篇。其诗之本意,言周虽旧是诸侯之邦,其受天之命,唯为天子而更新也。此《记》之意,其所施教命,唯能念德而自新也。"是故君子无所不用其极"者,极,尽也。言君子欲日新其德,无处不用其心尽力也。言自新之道,唯在尽其心力,更无余行也。

《诗》云:"邦畿千里,惟民所止。"《诗》云:"缗蛮黄鸟,止于丘隅。"子曰:"于止,知其所止,可以人而不如鸟乎?"

郑玄注：于止，于鸟之所止也。就而观之，知其所止，知鸟择岑蔚安闲而止处之耳。言人亦当择礼义乐土而自止处也。《论语》曰："里仁为美，择不处仁，焉得知？"

孔颖达疏："《诗》云：邦畿千里，惟民所止"，此一经广明诚意之事，言诚意在于所止，故上云："《大学》之道，在止于至善。"此《商颂·玄鸟》之篇，言殷之邦畿方千里，为人所居止。此《记》断章，喻其民人而择所止，言人君贤则来也。"《诗》云：缗蛮黄鸟，止于丘隅"者，此《诗·小雅·缗蛮》之篇，刺幽王之诗。言缗蛮然微小之黄鸟，止在于岑蔚丘隅之处，得其所止，以言微小之臣依托大臣，亦得其所也。"子曰：于止，知其所止"者，孔子见其《诗》文而论之，云是观于鸟之所止，则人亦知其所止。鸟之知在岑蔚安闲之处，则知人亦择礼义乐土之处而居止也。"可以人而不如鸟乎"者，岂可以人不择止处，不如鸟乎？言不可不如鸟也。故《论语》云"里仁为美，择不处仁，焉得知"是也。

《诗》云："穆穆文王，于缉熙敬止。"为人君，止于仁；为人臣，止于敬；为人子，止于孝；为人父，止于慈；与国人交，止于信。

郑玄注：缉熙，光明也。此美文王之德光明，敬其所以自止处。

孔颖达疏："《诗》云：穆穆文王，于缉熙敬止"者，此《大雅·文王》之篇，美文王之诗。缉熙，谓光明也。止，辞也。《诗》之本意，云文王见此光明之人，则恭敬之。此《记》之意，"于缉熙"，言呜呼文王之德缉熙光明，又能敬其所止，以自居处也。

子曰："听讼，吾犹人也。必也使无讼乎！"无情者不得尽其辞，大畏民志。

郑玄注：情，犹实也。无实者多虚诞之辞，圣人之听讼与人同耳。必使民无实者不敢尽其辞，大畏其心志，使诚其意不敢讼。

孔颖达疏："子曰"至"利也"。正义曰：此一经广明诚意之事，言圣人不惟自诚己意，亦服民使诚意也。孔子称断狱，犹如常人无以异也，言吾与常人同也。"必也使无讼乎"者，必也使无理之人不敢争讼也。"无情者不得尽其辞"者，情，犹实也。言无实情虚诞之人，无道理者，不得尽竭其虚伪之辞也。"大畏民志"者，大能畏胁民人之志，言人有虚诞之志者，皆畏惧不敢讼，言民亦诚实其意也。"听讼吾犹人也，必也使无讼乎"，是夫子之辞。"无情者不得尽其辞，大畏民志"，是记者释夫子"无讼"之事。然能"使无讼"，则是异于人也，而云"吾犹人"者，谓听讼之时，备两造，吾听与人无殊，故云"吾犹人也"。但能用意精诚，求其情伪，所以"使无讼"也。

此谓知本。

郑玄注：本，谓"诚其意"也。

孔颖达疏："此谓知本"者，此从上所谓"诚意"，以下言此"大畏民志"。以上皆是"诚意"之事，意为行本，既精诚其意，是晓知其本，故云"此谓知本"也。

所谓修身在正其心者，身有所忿懥，则不得其正；有所恐惧，则不得其正；有所好乐，则不得其正；有所忧患，则不得其正。心不在焉，视而不见，听而不闻，食而不知其味。此谓修身在正其心。

郑玄注：懥，怒貌也，或作懫，或为疐。

孔颖达疏："所谓修身"者，此覆说前修身正心之事。"身有所忿懥，则不得其正"者，懥，谓怒也。身若有所怒，"则不得其正"，言因怒而违于正也。所以然者，若遇忿怒，则违于理，则失于正也。"有所恐惧，则不得其正"者，言因恐惧而违于正也。"心不在焉，视而不见，听而不闻，食而不知其味"者，此言修身之本，必在正心。若心之不正，身亦不修。若心之不在，视听与食，不觉知也。是心为身本，修身必在于正心也。

所谓齐其家在修其身者，人之其所亲爱而辟焉，之其所贱恶而辟焉，之其所畏敬而辟焉，之其所哀矜而辟焉，之其所敖惰而辟焉。故好而知其恶，恶而知其美者，天下鲜矣。故谚有之曰："人莫知其子之恶，莫知其苗之硕。"此谓身不修不可以齐其家。

郑玄注：之，适也。譬，犹喻也。言适彼而以心度之，曰：吾何以亲爱此人，非以其有德美与？吾何以敖惰此人，非以其志行薄与？反以喻己，则身修与否可自知也。鲜，罕也。人莫知其子之恶，犹爱而不察。硕，大也。

孔颖达疏："所谓齐其家在修其身"者，此经重明前经齐家、修身之事。"人之其所亲爱而辟焉"者，之，犹适也。此言修身之譬也。设我适彼人，见彼有德，则为我所亲爱，当反自譬喻于我也。以彼有德，故为我所亲爱，则我若自修身有德，必然亦能使众人亲爱于我也。"之其所贱恶而譬焉"者，又言我往之彼，而贱恶彼人者，必是彼人无德故也，亦当回以譬我。我若无德，则人亦贱恶我也。"之其所畏敬而譬焉"者，又我往之彼而畏敬彼人，必是彼人庄严故也，亦回其譬我，我亦当庄敬，则人亦必畏敬我。"之其所哀矜而辟焉"者，又我往之彼，而哀矜彼人，必是彼人有慈善柔弱之德故也，亦回譬我，我有慈善而或柔弱，则亦为人所哀矜也。"之其所敖惰而辟焉"者，又我往之彼，而敖惰彼人，必是彼人邪僻故也，亦回譬我，我若邪僻，则人亦敖惰于我也。"故好而知其恶，恶而知其美者,天下鲜矣"者,知,识也;鲜,少也。人心多偏,若心爱好之,而多不知其恶。若嫌恶之,而多不知其美。今虽爱好,知彼有恶事;虽憎恶,知彼有美善,天下之内,如此者少矣。"故谚有之曰:人莫知其子之恶,莫知其苗之硕"者,硕,犹大也。言人之爱子其意至甚,子虽有恶不自觉知,犹好而不知其恶也。农夫种田,恒欲其盛,苗虽硕大,犹嫌其恶,以贪心过甚,故不知其苗之硕。若能以己子而方他子,己苗而匹他苗,则好恶可知,皆以己而待他物也。"此谓身不修不可以齐其家"者,此不知子恶、不知苗硕之人,不修其身,身既不修,不能以己譬人,故不可以齐整其家。

所谓治国必先齐其家者,其家不可教而能教人者,无之。故君子不出家而成教于国。孝者,所以事君也;弟者,所以事长也;慈者,所以使众也。《康诰》曰:"如保赤子。"心诚求之,虽不中不远矣。未有学养子而后嫁者也。

郑玄注:养子者,推心为之而中于赤子之嗜欲也。

孔颖达疏:"《康诰》曰:如保赤子"者,此成王命康叔之辞。赤子,谓心所爱之子。言治民之时,如保爱赤子,爱之甚也。"心诚求之,虽不中不远矣"者,言爱此赤子,内心精诚,求赤子之嗜欲,虽不能正中其所欲,去其所嗜欲,其不甚远。言近其赤子之嗜欲,谓治人之道亦当如此也。"未有学养子而后嫁者也",言母之养子,自然而爱,中当赤子之嗜欲,非由学习而来,故云"未有学养子而后嫁者"。此皆本心而为之,言皆喻人君也。

一家仁,一国兴仁;一家让,一国兴让;一人贪戾,一国作乱;其机如此。此谓一言偾事,一人定国。

郑玄注:"一家""一人",谓人君也。戾之言利也。机,发动所由也。偾,犹覆败也。《春秋传》曰:"登戾之。"又曰:"郑伯之车偾于济。"戾,或为吝。偾,或为犇。

孔颖达疏:"一家仁,一国兴仁;一家让,一国兴让"者,言人君行善于家,则外人化之,故一家、一国,皆仁让也。"一人贪戾,一国作乱"者,谓人君一人贪戾恶事,则一国学之作乱。"其机如此"者,机,谓关机也。动于近,成于远,善恶之事,亦发于身而及于一国也。"此谓一言偾事,一人定国"者,偾,犹覆败也。谓人君一言覆败其事,谓恶言也。"一人定国",谓由人君一人能定其国,谓善政也。古有此言,今记者引所为之事以结之。上云"一人贪戾,一国作乱",是"一言偾事"也。又云一家仁让,则一国仁让,是知"一人定国"也。一家则一人也,皆谓人君,是一人之身,先治一家,乃后治一国。

尧、舜率天下以仁，而民从之；桀、纣率天下以暴，而民从之。其所令反其所好，而民不从。

郑玄注：言民化君行也。君若好货，而禁民淫于财利，不能正也。

孔颖达疏："其所令反其所好，而民不从"者，令，谓君所号令之事。若各随其行之所好，则人从之。其所好者是恶，所令者是善，则所令之事反其所好，虽欲以令禁人，人不从也。

是故君子有诸己而后求诸人，无诸己而后非诸人。所藏乎身不恕，而能喻诸人者，未之有也。故治国在齐其家。

郑玄注：有于己，谓有仁让也。无于己，谓无贪戾也。

孔颖达疏："是故君子有诸己而后求诸人"者，诸，于也。谓君子有善行于己，而后可以求于人，使行善行也。谓于己有仁让，而后可求于人之仁让也。"无诸己而后非诸人"者，谓无恶行于己，而后可以非责于人为恶行也。谓无贪利之事于己，而后非责于人也。"所藏乎身不恕，而能喻诸人者，未之有也"者，谓所藏积于身既不恕实，而能晓喻于人，使从己者，未之有也。言无善行于身，欲晓喻于人为善行，不可得也。

《诗》云："桃之夭夭，其叶蓁蓁。之子于归，宜其家人。"宜其家人，而后可以教国人。《诗》云："宜兄宜弟。"宜兄宜弟，而后可以教国人。《诗》云："其仪不忒，正是四国。"其为父子兄弟足法，而后民法之也。此谓治国在齐其家。

郑玄注：夭夭、蓁蓁，美盛貌。之子者，是子也。

孔颖达疏："《诗》云：桃之夭夭，其叶蓁蓁"者，此《周南·桃夭》之篇，论昏姻及时之事。言"桃之夭夭"少壮，其叶蓁蓁茂盛，喻妇人形体少壮、颜色茂盛之时，似"桃之夭夭"也。"之子于归，宜其家人"者，"之子"者，是子也；归，嫁也；宜，可以为夫家之人。引之者，取"宜其家人"之事。"宜其家人，而后可以教国人"者，言人既家得宜，则可以教国人也。"《诗》云：宜兄宜弟"者，此《小雅·蓼萧》之篇，美成王之诗。《诗》之本文，言成王有德，宜为人兄，宜为人弟。此《记》之意，"宜兄宜弟"，谓自与兄弟相善相宜也。既为兄弟相宜，而可兄弟之意，而后可以教国人也。"《诗》云：其仪不忒，正是四国"者，此《曹风·鸤鸠》之篇。忒，差也；正，长也。言在位之君子，威仪不有差忒，可以正长是四方之国，言可法则也。"其为父子兄弟足法，而后民法之也"者，"此谓治国在齐其家"，谓其修身于家，在室家之内，使父子兄弟足可方法，而后民皆法之也。是先齐其家，而后能治其国也。

所谓平天下在治其国者，上老老而民兴孝，上长长而民兴弟，上恤孤而民不倍，是以君子有絜矩之道也。

郑玄注：老老、长长，谓尊老敬长也。恤，忧也。民不倍，不相倍弃也。絜，犹结也，絜也。矩，法也。君子有絜法之道，谓当执而行之，动作不失之。倍，或作偝。矩，或作巨。

孔颖达疏："所谓平天下在治其国者"，正义曰：自此以下至终篇，覆明上文"平天下在治其国"之事。但欲平天下，先须治国，治国事多，天下理广，非一义可了，故广而明之。言欲平天下，先须修身，然后及物。自近至远，自内至外，故初明"絜矩之道"，次明散财于人之事，次明用善人、远恶人。此皆治国、治天下之纲，故总而详说也。今各随文解之。"上恤孤而民不倍"者，孤弱之人，人所遗弃，在上君长若能忧恤孤弱不遗，则下民学之，不相弃倍此人。"是以君子有絜矩之道也"者，絜，犹结也；矩，法也。言君子有执结持矩法之道，动而无失，以此加物，物皆从之也。

所恶于上，毋以使下；所恶于下，毋以事上；所恶于前，毋以先后；所恶于后，毋以从前；所恶于右，毋以交于左；所恶于左，毋以交于右；此之谓絜矩之道。

郑玄注："絜矩之道"，善持其所有，以恕于人耳。治国之要尽于此。

孔颖达疏："所恶于上，毋以使下"者，此以下皆是"絜矩之道"也。譬诸侯有天子在于上，有不善之事加己，己恶之，则不可回持此恶事，使己下者为之也。"所恶于下，毋以事上"者，言臣下不善事己，己所有恶，则己不可持此恶事，回以事己之君上也。"所恶于前，毋以先后"者，前，谓在己之前，不以善事施己，己所憎恶，则无以持此恶事施于后人也。"所恶于后，毋以从前"者，后，谓在己之后，不以善事施己，己则无以恶事施于前行之人也。"所恶于右，毋以交于左"者，谓与己平敌，或在己右，或在己左，以恶加己，己所憎恶，则无以此恶事施于左人。举此一隅，余可知也。"此之谓絜矩之道"者，上经云"吾子有絜矩之道也"，其"絜矩"之义未明，故此经申说。能持其所有，以待于人，恕己接物，即"絜矩之道"也。

《诗》云："乐只君子，民之父母。"民之所好好之，民之所恶恶之，此之谓民之父母。

郑玄注：言治民之道无他，取于己而已。

孔颖达疏："《诗》云：乐只君子，民之父母"，此记者引之，又申明"絜矩之道"。若能以己化，从民所欲，则可谓民之父母。此《小雅·南山有台》之篇，美成王之诗也。只,辞也。言能以己化民,从民所欲,则可为民父母矣。"民之所好好之"者,谓善政恩惠,是民之愿好,己亦好之,以施于民,若发仓廪、赐贫穷、赈乏绝是也。"民之所恶恶之"者,谓苛政重赋,是人之所恶,己亦恶之而不行也。

《诗》云:"节彼南山,维石岩岩。赫赫师尹,民具尔瞻。"有国者不可以不慎,辟则为天下僇矣。

郑玄注:岩岩,喻师尹之高严也。师尹,天子之大臣,为政者也。言民皆视其所行而则之,可不慎其德乎?邪辟失道,则有大刑。

孔颖达疏:"《诗》云:节彼南山"者,上经说恕己待民,此经明己须戒慎也。"《诗》云:节彼南山,维石岩岩",此《小雅·节南山》之篇,刺幽王之诗。言幽王所任大臣,非其贤人也。节然高峻者,是彼南山,维积累其石,岩岩然高大,喻幽王大臣师尹之尊严。"赫赫师尹,民具尔瞻"者,赫赫,显盛貌。是太师与人为则者。具,俱也。尔,汝也。在下之民,俱于汝而瞻视之,言皆视师尹而为法。此《记》之意,以喻人君在上,民皆则之,不可不慎。"有国者不可以不慎"者,有国,谓天子、诸侯。言民皆视上所行而则之,不可不慎其德乎,宜慎之也。"辟则为天下僇矣"者,僇,谓刑僇也。君若邪辟,则为天下之民共所诛讨,若桀、纣是也。

《诗》云:"殷之未丧师,克配上帝。仪监于殷,峻命不易。"道得众则得国,失众则失国。是故君子先慎乎德。有德此有人,有人此有土,有土此有财,有财此有用。德者本也,财者末也。外本内末,争民施夺。是故财聚则民散,财散则民聚。是故言悖而出者,亦悖而入;货悖而入者,亦悖而出。

郑玄注:师,众也。克,能也。峻,大也。言殷王帝乙以上,未失其民之时,德亦有能配天者,谓天享其祭祀也。及纣为恶,而民怨神怒,以失天下。监视殷时之事,天之大命,得之诚不易也。道,犹言也。用,谓国用也。施夺,施其劫夺之情也。悖,犹逆也。言君有逆命,则民有逆辞也。上贪于利,则下人侵畔。《老子》曰:"多藏必厚亡。"

孔颖达疏:"《诗》云:殷之未丧师,克配上帝",此一经明治国之道在贵德贱财。此《大雅·文王》之篇,美文王之诗,因以戒成王也。克,能也;师,众也。言殷自纣父帝乙之前,未丧师众之时,所行政教,皆能配上天而行也。"仪监于殷,峻命不易"者,仪,宜也;监,视也。今成王宜监视于殷之存亡。峻,大也。奉此天之大命,诚为不易,言其难也。"道得众则得国,失众则失国"者,道,犹言也。《诗》所云者,言帝乙以上"得众则得国",言殷纣"失众则失国"也。"有德此有人"者,有德之人,人之所附从,故"有德此有人"也。"有人此有土"者,有人则境土宽大,故"有土"也。"有土此有财",言有土则生植万物,故"有财"也。"有财此有用"者,为国用有财丰,以此而有供国用也。"德者本也,财者末也"者,德能致财,财由德有,故德为本,财为末也。"外本内末,争民施夺"者,外,疏也;内,亲也;施夺,谓施其劫夺之情也。君若亲财而疏德,则争利之人皆施劫夺之情也。"是故财聚则民散,财散则民聚"者,事不两兴,财由民立。君若重财而轻民,则民散也。若散财而赒恤于民,则民咸归聚也。"是故言悖而出者,亦悖而入"者,悖,逆也。若人君政教之言悖逆人心而出行者,则民悖逆君上而入以报答也,谓拒违君命也。"货悖而入者,亦悖而出"者,若人君厚敛财货,悖逆民心而入积聚者,不能久如财,人畔于上,财亦悖逆君心而散出也。言众畔亲离,财散非君有也。

　　《康诰》曰:"惟命不于常。"道善则得之,不善则失之矣。

　　郑玄注:于,于也。天命不于常,言不专祐一家也。

　　孔颖达疏:"《康诰》曰:惟命不于常"者,谓天之命,不于是常住在一家也。"道善则得之,不善则失之矣",《书》之本意,言道为善则得之,不善则失之,是不常在一家也。

　　《楚书》曰:"楚国无以为宝,惟善以为宝。"

　　郑玄注:《楚书》,楚昭王时书也。言以善人为宝。时谓观射父、昭奚恤也。

　　舅犯曰:"亡人无以为宝,仁亲以为宝。"

　　郑玄注:舅犯,晋文公之舅狐偃也。亡人,谓文公也,时辟骊姬之谗,亡在翟而献公薨。秦穆公使子显吊,因劝之复国,舅犯为之对此辞也。仁亲,犹言亲爱仁道也。明不因丧规利也。

　　《秦誓》曰:"若有一介臣,断断兮无他技,其心休休焉,其如有容焉。人之有技,若己有之;人之彦圣,其心好之,不啻若自其口出,实能容之,以能保我子孙黎民,尚亦有利哉!人之有技,媢嫉以恶之;人之彦圣,而违之俾不通,实不能容,以不能保我子孙黎民,亦曰殆哉!"

　　郑玄注:《秦誓》,《尚书》篇名也。秦穆公伐郑,为晋所败于殽,还誓其群臣,而作此篇也。断断,诚一之貌也。他技,异端之技也。有技,才艺之技也。"若己有之","不啻若自其口出",皆乐人有善之甚也。美士为"彦"。黎,众也。尚,庶几也。媢,妒也。违,犹戾也。俾,使也。佛戾贤人所为,使功不通于君也。殆,危也。彦,或作"盘"。

孔颖达疏:"《秦誓》曰"者,此一经明君臣进贤诎恶之事。《秦誓》,《尚书》篇名。秦穆公伐郑,为晋败于殽,还归誓群臣而作此篇,是秦穆公悔过自誓之辞。记者引之,以明好贤去恶也。"若有一介臣,断断兮"者,此秦穆公誓辞云,群臣若有一耿介之臣,断断然诚实专一谨悫。兮是语辞。《古文尚书》"兮"为"猗"。言有一介之臣,其心断断、猗猗然专一,与此本异。"无他技,其心休休焉,其如有容焉"者,言此专一之臣,无他奇异之技,惟其心休休然宽容,形貌似有包容,如此之人,我当任用也。"人之有技,若己有之"者,谓见人有技艺,欲得亲爱之,如己自有也。"人之彦圣,其心好之,不啻若自其口出"者,谓见人有才彦美通圣,其心中爱乐,不啻如自其口出。心爱此彦圣之美,多于口说,言其爱乐之甚也。"实能容之,以能保我子孙黎民,尚亦有利哉"者,实,是也。若能好贤如此,是能有所包容,则我国家得安,保我后世子孙。黎,众也。尚,庶几也。非直子孙安,其下众人皆庶几亦望有利益哉也。"人之有技,媢疾以恶之"者,上明进贤之善,此论蔽贤之恶。媢,妒也。见人有技艺,则掩藏媢妒,疾以憎恶之也。"人之彦圣,而违之俾不通"者,见他人之彦圣,而违戾抑退之。俾,使也,使其善功不通达于君。《尚书》"通"为"达"字也。"实不能容,以不能保我子孙黎民,亦曰殆哉"者,若此蔽贤之人,是不能容纳,家国将亡,不能保我子孙。非唯如此,众人亦曰殆危哉。

唯仁人放流之,迸诸四夷,不与同中国。此谓唯仁人为能爱人,能恶人。

郑玄注:放去恶人媢嫉之类者,独仁人能之,如舜放四罪而天下咸服。

孔颖达疏:"唯仁人放流之,迸诸四夷,不与同中国"者,言唯仁人之君,能放流此蔽善之人,使迸远在四夷,不与同在中国。若舜流四凶,而天下咸服是也。"此谓唯仁人为能爱人,能恶人"者,既放此蔽贤之人远在四夷,是仁人能爱善人,恶不善之人。

见贤而不能举,举而不能先,命也;见不善而不能退,退而不能远,过也。

郑玄注:命,读为"慢",声之误也。举贤而不能使君以先己,是轻慢于举人也。

孔颖达疏:"见贤而不能举,举而不能先,命也"者,此谓凡庸小人,见此贤人而不能举进于君。假设举之,又不能使在其己之先,是为慢也。谓轻慢于举人也。"见不善而不能退,退而不能远,过也"者,此谓小人见不善之人而不能抑退之。假令抑退之,而不能使远退之。过者,言是愆过之人也。

好人之所恶,恶人之所好,是谓拂人之性,灾必逮夫身。

郑玄注:拂,犹佹也。逮,及也。

孔颖达疏:"好人之所恶"者,人谓君子,君子所恶者,凶恶之事。今乃爱好凶恶,是好人之所恶也。"恶人之所好"者,君子所好仁义善道。今乃恶此仁义善道,是"恶人之所好"也。"是谓拂人之性"者,若如此者,是谓拂戾善人之性。"灾必逮夫身"者,逮,及也。如此,灾必及夫身矣。

是故君子有大道,必忠信以得之,骄泰以失之。生财有大道,生之者众,食之者寡,为之者疾,用之者舒,则财恒足矣。

郑玄注:是不务禄不肖,而勉民以农也。

孔颖达疏:"是故君子有大道"者,大道,谓所由行孝悌仁义之大道也。"必忠信以得之,骄泰以失之"者,言此孝悌仁义,必由行忠信以得之,由身骄泰以失之也。"生财有大道"者,此一经明人君当先行仁义,爱省国用,以丰足财物。上文"大道",谓孝悌仁义之道,此言人君生殖其财,有大道之理,则下之所云者是也。"生之者众"者,谓为农桑多也。"食之者寡"者,谓减省无用之费也。"为之者疾"者,谓百姓急营农桑事业也。"用之者舒"者,谓君上缓于营造费用也。"则财恒足矣",言人君能如此,则国用恒足。

仁者以财发身,不仁者以身发财。

郑玄注:发,起也。言仁人有财,则务于施与,以起身成其令名。不仁之人,有身贪于聚敛,以起财务成富。

孔颖达疏:"仁者以财发身"者,谓仁德之君,以财散施发起身之令名也。"不仁者以身发财"者,言不仁之人,唯在吝啬,务于积聚,劳役其身,发起其财。此在治家、治国天下之科,皆谓人君也。

未有上好仁而下不好义者也,未有好义其事不终者也,未有府库财非其财者也。

郑玄注:言君行仁道,则其臣必义。以义举事无不成者。其为诚然如己,府库之时为己有也。

孔颖达疏:"未有上好仁而下不好义者也",言在上人君好以仁道接下,其下感君仁恩,无有不爱好于义,使事皆得其宜也。"未有好义其事不终者也",言臣下悉皆好义,百事尽能终成,故云"未有好义其事不终者",言皆能终成也。"未有府库财非其财者也",又为人君作譬也。君若行仁,民必报义,义必终事。譬如人君有府库之财,必还为所用也,故云"未有府库财非其财者也"。

孟献子曰:"畜马乘不察于鸡豚,伐冰之家不畜牛羊,百乘之家不畜聚敛之臣。与其有聚敛之臣,宁有盗臣。"此谓国不以利为利,以义为利也。

郑玄注:孟献子,鲁大夫仲孙蔑也。"畜马乘",谓以士初试为大夫也。"伐冰之家",卿大夫以上,丧祭用冰。"百乘之家",有采地者也。鸡豚、牛羊,民之所畜养以为财利者也。国家利义不利财,盗臣损财耳,聚敛之臣乃损义。《论语》曰:"季氏富于周公,而求也为之聚敛,非吾徒也,小子鸣鼓而攻之可也。"

孔颖达疏:"孟献子曰:畜马乘不察于鸡豚"者,此一经明治国家不可务于积财,若务于积财,即是小人之行,非君上之道。言察于鸡豚之所利,为畜马乘。士初试为大夫,不窥察于鸡豚之小利。"伐冰之家不畜牛羊"者,谓卿大夫丧祭用冰,从固阴之处伐击其冰,以供丧祭,故云"伐冰"也。谓卿大夫为伐冰之家,不畜牛羊为财利,以食禄不与人争利也。"百乘之家不畜聚敛之臣"者,百乘,谓卿大夫有采地者也。以地方百里,故云"百乘之家"。言卿大夫之家,不畜聚敛之臣,使赋税什一之外征求采邑之物也,故《论语》云"百乘之家"是也。"与其有聚敛之臣,宁有盗臣"者,覆解"不畜聚敛之臣"之本意。若其有聚敛之臣,宁可有盗窃之臣,以盗臣但害财,聚敛之臣则害义也。"此谓国不以利为利,以义为利也"者,言若能如上所谓,是国家之利,但以义事为国家利也。

长国家而务财用者,必自小人矣。

郑玄注:言务聚财为己用者,必忘义,是小人所为也。

孔颖达疏:"长国家而务财用者,必自小人矣"者,言为人君长于国家而务积聚财以为己用者,必自为小人之行也。

彼为善之,小人之使为国家,灾害并至。虽有善者,亦无如之何矣!

郑玄注:彼,君也。君将欲以仁义善其政,而使小人治其国家之事,患难猥至,虽云有善,不能救之,以其恶之已著也。

孔颖达疏:"彼为善之",彼,谓君也。君欲为仁义之道,善其政教之语辞,故云"彼为善之"。"小人之使为国家,灾害并至"者,言君欲为善,反令小人使为治国家之事,毒害于下,故灾害患难,则并皆来至。"虽有善者,亦无如之何矣"者,既使小人治国,其君虽有善政亦无能奈此患难之何。言不能止之,以其恶之已著故也。

此谓国不以利为利,以义为利也。

(阮元《十三经注疏·礼记正义》)

附录三　河南程氏《大学》注

《大学》乃孔子遗书,须从此学则不差。或问伊川先生曰:"初学如何?"曰:"初学入德之门,无如《大学》者。今之学者,赖有此篇书存,其他莫如《论》《孟》。"(卫湜《礼记集说》卷一百四十九)

明德者,明此理也。又曰:亲当作新,言既自明其德,而使人用此道以自新也(伊川)。又曰:至善者,义理之精微无可得而名,姑以至善目之也。又曰:止于至善,反己守约是也。又曰:止于至善,如子止于孝,父止于慈之类,非谓务观物理于外,泛然如游骑无所归也。又曰:明德新民岂分人我此成德者之事也(明道)。又曰:知止则自定万物挠不动,非是别将定来助知止也。又曰:得而后动,与虑而后动异,得在己,如自使手举物无不从者,虑则未在己,如手持物知其不利。又曰:人之学,莫大于知本末终始。致知在格物,则所谓本也,始也,治天下国家,则所谓末也,终也。治天下国家必本诸身,其身不正而能治天下国家者,无之(伊川)。(卫湜《礼记集说》卷一百四十九)

致知则有知,有知则能择。又曰:涵养须用敬,进学则在致知(伊川)。又曰:知者吾之所固有,因物有迁,则迷而不知。迷而不知,则天理灭矣。故圣人欲格物,以致其知也。又曰:格,至也。格物,言穷理也。但立诚意去格之,其迟速却在人。明暗也,明者格物速,暗者格物迟。又曰:凡一物有一理,须是穷至其理。穷亦多端,或读书讲明道理,或论古今人物别其是非,或应接事物,皆穷理也。又问:格物者,物物而格之乎?将格一物,而万理皆知也。曰:虽颜子亦但闻一知十而已,岂敢自谓如此!及其达理之后,则虽亿万可通矣。学者须是遍求,若能今日格一物,明日又格一物,积习既多,然后脱然有贯通处(伊川)。又曰:物不必事物,然后谓之物也。自一身之中至万理之理,理会得多,相次自然豁然有个觉处。又曰:所务于穷理者,非谓尽穷了天下万物之理,又非谓穷得一理便到,只是要积累多,后自然见知。又曰:格物之理,不若察之于身尤切。又曰:或问格物,是外物邪?性中物邪?曰:不拘,凡眼前无非物也。物物皆有理,如火之所以热,水之所以寒,至于君臣父子之间,皆是理也。又曰:物理,须是要穷。若言天地之所以高深,鬼神之所以幽显,若言天只是高,地只是深,则是已了,复何可穷之有?又曰:格物穷理,非是尽要穷天下之物。所谓穷理也,但于一事上穷得尽,则其他可以类推矣。至如言孝,须穷所以为孝者如何。所谓穷理也,如一事上穷不得,即且别穷一事,或先其易者,或先其难者,各随人深浅。譬如千蹊万径,皆可适国,但得一道入,得斯可矣。所以能穷者,只为万理,皆是一理。至于一事一物,虽小皆有是理(伊川)。又曰:随事观理,而天下之理得矣。又曰:物来则知起物,各付物不役,其知则意诚不动,意诚自定则心正,始学之事也(明道)。又曰:入道莫如敬,未有致知而不在敬者。今人立心不定,视心如寇贼而不可制,非事累心,乃心累事。当知天下无一物是合少得者,不可恶也。又曰:知至意须诚。若知而不诚者,皆知未至耳。又曰:知之既至,其意自诚,其心自正。颜子有不善未尝不知,知之未尝复行。他人复行,知之不至也。又曰:《大学》论意诚已下,皆穷其意而明之,独格物则曰物格而后知至,此盖可以意得而不可以言传也。自格物而充之,然后可以至于圣人。不知格物而先欲诚意正心修身,未有能中于理者也。或问:进修之术,何先?曰:莫先于正心诚意,而诚意在致知,致知在格物。或问:忠信进德之事,固可勉强,然致知甚难。曰:予以诚意可勉强,且恁地说至底,须是知了方行。得若不知,只是觑却尧,学他行事,无尧许多聪明睿智,怎生得他动容周旋中理,有诸中必形诸外,德容安可妄学?如子所言,是笃信固执之,非固有之也。未致知便欲诚意,则是躐等也。学者固当勉强,然不致知怎生行得勉强?行者安能持久?除非烛理明,自然乐循理。性本善循理而行,是顺理事,本亦不难,但为人不知旋安排着道难也,知有多少般数然有深浅。向亲见一人曾为虎所伤,因言及虎色便变,旁有数人见他说虎,非不知虎之猛可畏,然不如他说了有畏惧之色,盖真知虎者也。学者深知亦如此,且如说脍炙,贵公子与野人莫不皆知其美,然贵人闻着便有欲嗜之色,野人则不然。学者须是真知才知得,便泰然行将去也。某年二十时解释经义与今无异,然思今日觉得意味与少年自别。又曰:知至则当至之,知终则当遂终之。须以知为本,知之则行之,必至无有知之而不能行。知而不行,是知得浅。饥而不食,乌喙人不蹈水火,只是知人为不善,只是不知知至而至之几之事,故常至知终而终之,故可与存义。知至是致知、博学、明辨、审问、慎思,皆致知知至之事,笃行便是终之。如始条理,终条理,因其始条理,故能终条理。犹知至即能终之。或问:今人有志于学,然知识弊固,力量不至,则如之何?先生曰：只是不致知，若致知，则知识自当渐明。不曾见一物事，终思不到也。知识明则力量自进。问：何以致知？曰：能明理，或多识前言往行。识之多，则理明，然全在强勉（伊川）。（卫湜《礼记集说》卷一百四十九）

　　人须知自谦之道，自谦者无不足也。若有不足，则张子所谓有外之心，不足以合天心也（伊川）。又曰：孔子言仁只说出门如见大宾，使民如承大祭，看其气象便须心广体胖，动容周旋中礼，惟慎独便是守之法。又曰：要持循他这天理，则在德，须有不言而信者，更难为形状养之，则须直不愧屋漏与慎独，这是个持循气象也。又曰：洒扫应对，便是形而上者，理无大小故也。故君子只在慎独（明道）。（卫湜《礼记集说》卷一百五十）

　　河南程氏曰：克明峻德，顾諟天之明命，皆自明也者，皆由于明也。（卫湜《礼记集说》卷一百五十一）

　　释氏多言定，圣人便言止。如物之好须道是好，物之恶须道是恶，物自好恶关我这里甚事？若说道我只定，更无所为，然物之好恶亦自在里，故圣人只言止。所谓止，如人君止于仁，如人臣止于敬之类也。《易》曰：艮其止，止其所也，言随其所止而止之。人多不能让，盖人万物皆备遇事，各因其心之所重，更互而出才见得这事重，便有这事出。若能物各付物，便自分出。又曰：人多思虑，不能自宁，只是做他心主，不定要作得心主。唯是止于事，为人君止于仁，为人臣止于敬，父子止于孝慈之类，如舜之诛四凶，已作此恶，从而诛之。舜初何与焉人？不止于事，只是揽他事，不能使物各付物。物各付物则是役物，为物所役则是役于物。有物必有则，须止于事。又曰：于止知其所止，谓当止其所也。夫有物必有则，父止于慈，子止于孝，君止于仁，臣止于忠，万物庶事莫不各有其所，得其所则安，失其所则悖，圣人所以能使天下顺治，非能为物作则也，唯止之各于其所而已（伊川）。（卫湜《礼记集说》卷一百五十一）

　　或问此谓知本，止说听讼吾犹人也，必也使无讼乎？无情者不得尽其辞，大畏民志，何也？先生曰：且举此一事，其他皆要知本，听讼则必使无讼是本也（伊川）。（卫湜《礼记集说》卷一百五十一）

　　或谓有忿懥、恐惧、好乐、忧患，心不得其正，是无此数者，心乃正乎？程先生曰：非是要无，只是不以此动其心。学者未到不动处，须是执持其志（伊川）。（卫湜《礼记集说》卷一百五十一）

今夫赤子未能言其志意嗜欲，人所未知，其毋必不能知之。然不至误认其意者，何也？诚心爱敬而已。若使爱敬其民，如其赤子何错谬之有？故心诚求之，虽不中不远矣。又曰：母之保养赤子始，何尝学当保养时？自然中所欲推此心以保民，设不中其下之所欲，亦不远矣。（卫湜《礼记集说》卷一百五十二）

命当作"怠"字之误也。先，犹早也。远，谓进诸四夷之类。自古用贤人而不能早，退小人而不能远，以陷于祸败者多矣（伊川）。（卫湜《礼记集说》卷一百五十三）

附录四　朱熹《大学章句序》

《大学》之书，古之大学所以教人之法也。盖自天降生民，则既莫不与之以仁义礼智之性矣；然其气质之禀或不能齐，是以不能皆有以知其性之所有而全之也。一有聪明睿智能尽其性者出于其间，则天必命之以为亿兆之君师，使之治而教之，以复其性。此伏羲、神农、黄帝、尧、舜，所以继天立极，而司徒之职、典乐之官所由设也。

三代之隆，其法浸备，然后王宫、国都以及闾巷，莫不有学。人生八岁，则自王公以下，至于庶人之子弟，皆入小学，而教之以洒扫、应对、进退之节，礼乐、射御、书数之文；及其十有五年，则自天子之元子、众子，以至公、卿、大夫、元士之适子，与凡民之俊秀，皆入大学，而教之以穷理、正心、修己、治人之道。此又学校之教、大小之节所以分也。

夫以学校之设，其广如此，教之之术，其次第节目之详又如此，而其所以为教，则又皆本之人君躬行心得之余，不待求之民生日用彝伦之外，是以当世之人无不学。其学焉者，无不有以知其性分之所固有，职分之所当为，而各俛焉以尽其力。此古昔盛时所以治隆于上，俗美于下，而非后世之所能及也！

及周之衰，贤圣之君不作，学校之政不修，教化陵夷，风俗颓败，时则有若孔子之圣，而不得君师之位以行其政教，于是独取先王之法，诵而传之以诏后世。若《曲礼》、《少仪》、《内则》、《弟子职》诸篇，固小学之支流余裔，而此篇者，则因小学之成功，以著大学之明法，外有以极其规模之大，而内有以尽其节目之详者也。三千之徒,盖莫不闻其说,而曾氏之传独得其宗,于是作为传义,以发其意。及孟子没而其传泯焉,则其书虽存,而知者鲜矣!

自是以来,俗儒记诵词章之习,其功倍于小学而无用;异端虚无寂灭之教,其高过于大学而无实。其他权谋术数,一切以就功名之说,与夫百家众技之流,所以惑世诬民、充塞仁义者,又纷然杂出乎其间。使其君子不幸而不得闻大道之要,其小人不幸而不得蒙至治之泽,晦盲否塞,反覆沈痼,以及五季之衰,而坏乱极矣!

天运循环,无往不复。宋德隆盛,治教休明。于是河南程氏两夫子出,而有以接乎孟氏之传。实始尊信此篇而表章之,既又为之次其简编,发其归趣,然后古者大学教人之法、圣经贤传之指,粲然复明于世。虽以熹之不敏,亦幸私淑而与有闻焉。顾其为书犹颇放失,是以忘其固陋,采而辑之,间亦窃附己意,补其阙略,以俟后之君子。极知僭逾,无所逃罪,然于国家化民成俗之意、学者修己治人之方,则未必无小补云。

(朱熹《四书章句集注》)

附录五　王阳明《大学问》

(吾师接初见之士,必借《学》、《庸》首章以指示圣学之全功,使知从入之路。师征思、田,将发,先授《大学问》,德洪受而录之。)

"《大学》者,昔儒以为大人之学矣。敢问大人之学何以在于明明德乎?"

阳明子曰:"大人者,以天地万物为一体者也。其视天下犹一家,中国犹一人焉。若夫间形骸而分尔我者,小人矣。大人之能以天地万物为一体也,非意之也,其心之仁本若是,其与天地万物而为一也。岂惟大人,虽小人之心亦莫不然,彼顾自小之耳。是故见孺子之入井,而必有怵惕恻隐之心焉,是其仁之与孺子而为一体也。孺子犹同类者也,见鸟兽之哀鸣觳觫,而必有不忍之心,是其仁之与鸟兽而为一体也。鸟兽犹有知觉者也,见草木之摧折而必有悯恤之心焉,是其仁之与草木而为一体也。草木犹有生意者也,见瓦石之毁坏而必有顾惜之心焉,是其仁之与瓦石而为一体也。是其一体之仁也,虽小人之心亦必有之。是乃根于天命之性,而自然灵昭不昧者也,是故谓之'明德'。小人之心既已分隔隘陋矣,而其一体之仁犹能不昧若此者,是其未动于欲,而未蔽于私之时也。及其动于欲,蔽于私,而利害相攻,忿怒相激,则将戕物圮类,无所不为,其甚至有骨肉相残者,而一体之仁亡矣。是故苟无私欲之蔽,则虽小人之心,而其一体之仁犹大人也;一有私欲之蔽,则虽大人之心,而其分隔隘陋犹小人矣。故夫为大人之学者,亦惟去其私欲之蔽,以自明其明德,复其天地万物一体之本然而已耳。非能于本体之外,而有所增益之也。"

曰:"然则何以在'亲民'乎?"

曰:"明明德者,立其天地万物一体之体也。亲民者,达其天地万物一体之用也。故明明德必在于亲民,而亲民乃所以明其明德也。是故亲吾之父,以及人之父,以及天下人之父,而后吾之仁实与吾之父、人之父与天下人之父而为一体矣。实与之为一体,而后孝之明德始明矣。亲吾之兄,以及人之兄,以及天下人之兄,而后吾之仁实与吾之兄、人之兄与天下人之兄而为一体矣。实与之为一体,而后弟之明德始明矣。君臣也,夫妇也,朋友也,以至于山川鬼神鸟兽草木也,莫不实有以亲之,以达吾一体之仁,然后吾之明德始无不明,而真能以天地万物为一体矣。夫是之谓明明德于天下,是之谓家齐国治而天下平,是之谓尽性。"

曰:"然则又乌在其为'止至善'乎?"

曰:"至善者,明德、亲民之极则也。天命之性,粹然至善,其灵昭不昧者,此其至善之发见,是乃明德之本体,而即所谓良知也。至善之发见,是而是焉,非而非焉,轻重厚薄,随感随应,变动不居,而亦莫不自有天然之中,是乃民彝物则之极,而不容少有议拟增损于其间也。少有议拟增损于其间,则是私意小智,而非至善之谓矣。自非慎独之至,惟精惟一者,其孰能与于此乎?后之人惟其不知至善之在吾心,而用其私智以揣摸测度于其外,以为事事物物各有定理也,是以昧其是非之则,支离决裂,人欲肆而天理亡,明德亲民之学遂大乱于天下。盖昔之人固有欲明其明德者矣,然惟不知止于至善,而骛其私心于过高,是以失之虚罔空寂,而无有乎家国天下之施,则二氏之流是矣。固有欲亲其民者矣,然惟不知止于至善,而溺其私心于卑琐,是以失之权谋智术,而无有乎仁爱恻怛之诚,则五伯功利之徒是矣。是皆不知止于至善之过也。故止至善之于明德、亲民也,犹之规矩之于方圆也,尺度之于长短也,权衡之于轻重也。故方圆而不止于规矩,爽其则矣;长短而不止于尺度,乖其剂矣;轻重而不止于权衡,失其准矣;明明德、亲民而不止于至善,亡其本矣。故止于至善以亲民,而明其明德,是之谓大人之学。"

曰:"'知止而后有定,定而后能静,静而后能安,安而后能虑,虑而后能得',其说何也?"

曰:"人惟不知至善之在吾心,而求之于其外,以为事事物物皆有定理也,而求至善于事事物物之中,是以支离决裂,错杂纷纭,而莫知有一定之向。今焉既知至善之在吾心,而不假于外求,则志有定向,而无支离决裂、错杂纷纭之患矣。无支离决裂、错杂纷纭之患,则心不妄动而能静矣。心不妄动而能静,则其日用之间,从容闲暇而能安矣。能安,则凡一念之发,一事之感,其为至善乎?其非至善乎?吾心之良知自有以详审精察之,而能虑矣。能虑则择之无不精,处之无不当,而至善于是乎可得矣。"

曰:"'物有本末',先儒以明德为本,新民为末,两物而内外相对也。'事有终始',先儒以知止为始,能得为终,一事而首尾相因也。如子之说,以新民为亲民,则本末之说亦有所未然欤?"

曰:"终始之说,大略是矣。即以新民为亲民,而曰明德为本,亲民为末,其说亦未尝不可,但不当分本末为两物耳。夫木之干谓之本,木之梢谓之末。惟其一物也,是以谓之本末。若曰两物,则既为两物矣,又何可以言本末乎?新民之意,既与亲民不同,则明德之功,自与新民为二。若知明明德以亲其民,而亲民以明其明德,则明德亲民焉可析而为两乎?先儒之说,是盖不知明德亲民之本为一事,而认以为两事,是以虽知本末之当为一物,而亦不得不分为两物也。"

曰:"古之欲明明德于天下者,以至于先修其身,以吾子明德亲民之说通之,亦既可得而知矣。敢问欲修其身,以至于致知在格物,其工夫次第又何如其用力欤?"

曰:"此正详言明德、亲民、止至善之功也。盖身、心、意、知、物者,是其工夫所用之条理,虽亦各有其所,而其实只是一物。格、致、诚、正、修者,是其条理所用之工夫,虽亦皆有其名,而其实只是一事。何谓身?心之形体运用之谓也。何谓心?身之灵明主宰之谓也。何谓修身?为善而去恶之谓也。吾身自能为善而去恶乎?必其灵明主宰者欲为善而去恶,然后其形体运用者始能为善而去恶也。故欲修其身者,必在于先正其心也。然心之本体则性也,性无不善,则心之本体本无不正也。何从而用其正之之功乎?盖心之本体本无不正,自其意念发动而后有不正。故欲正其心者,必就其意念之所发而正之,凡其发一念而善也,好之真如好好色;发一念而恶也,恶之真如恶恶臭:则意无不诚,而心可正矣。然意之所发有善有恶,不有以明其善恶之分,亦将真妄错杂,虽欲诚之,不可得而诚矣。故欲诚其意者,必在于致知焉。致者,至也,如云'丧致乎哀'之'致'。《易》言'知至至之','知至'者,知也;'至之'者,致也。'致知'云者,非若后儒所谓充扩其知识之谓也,致吾心之良知焉耳。良知者,孟子所谓'是非之心,人皆有之'者也。是非之心,不待虑而知,不待学而能,是故谓之良知。是乃天命之性,吾心之本体,自然灵昭明觉者也。凡意念之发,吾心之良知无有不自知者。其善欤,惟吾心之良知自知之。其不善欤,亦惟吾心之良知自知之。是皆无所与于他人者也。故虽小人之为不善,既已无所不至,然其见君子,则必厌然掩其不善,而著其善者,是亦可以见其良知之有不容于自昧者也。今欲别善恶以诚其意,惟在致其良知之所知焉尔。何则?意念之发,吾心之良知既知其为善矣,使其不能诚有以好之,而复背而去之,则是以善为恶,而自昧其知善之良知矣。意念之所发,吾之良知既知其为不善矣,使其不能诚有以恶之,而复蹈而为之,则是以恶为善,而自昧其知恶之良知矣。若是,则虽曰知之,犹不知也,意其可得而诚乎?今于良知所知之善恶者,无不诚好而诚恶之,则不自欺其良知而意可诚也已。然欲致其良知,亦岂影响恍惚而悬空无实之谓乎?是必实有其事矣。故致知必在于格物。物者,事也,凡意之所发必有其事,意所在之事谓之物。格者,正也,正其不正以归于正之谓也。正其不正者,去恶之谓也。归于正者,为善之谓也。夫是之谓格。《书》言'格于上下'、'格于文祖'、'格其非心',格物之格实兼其义也。良知所知之善,虽诚欲好之矣,苟不即其意之所在之物而实有以为之,则是物有未格,而好之之意犹为未诚也。良知所知之恶,虽诚欲恶之矣,苟不即其意之所在之物而实有以去之,则是物有未格,而恶之之意犹为未诚也。今焉于其良知所知之善者,即其意之所在之物而实为之,无有乎不尽。于其良知所知之恶者,即其意之所在之物而实去之,无有乎不尽。然后物无不格,而吾良知之所知者,无有亏缺障蔽,而得以极其至矣。夫然后吾心快然无复有余憾而自谦矣。夫然后意之所发者,始无自欺而可以谓之诚矣。故曰:'物格而后知至,知至而后意诚,意诚而后心正,心正而后身修。'盖其工夫条理虽有先后次序之可言,而其体之惟一,实无先后次序之可分。其条理工夫虽无先后次序之可分,而其用之惟精,固有纤毫不可得而缺焉者。此格致诚正之说,所以阐尧舜之正传而为孔氏之心印也。"

德洪曰:"《大学问》者,师门之教典也。学者初及门,必先以此意授,使人闻言之下,即得此心之知,无出于民彝物则之中,致知之功,不外乎修齐治平之内。学者果能实地用功,一番听受,一番亲切。师常曰:'吾此意思有能直下承当,只此修为,直造圣域。参之经典,无不吻合,不必求之多闻多识之中也。'门人有请录成书者。曰:'此须诸君口口相传,若笔之于书,使人作一文字看过,无益矣。'嘉靖丁亥八月,师起征思、田,将发,门人复请。师许之。录既成,以书贻洪曰:'《大学或问》数条,非不愿共学之士尽闻斯义,顾恐藉寇兵而赍盗粮,是以未欲轻出。'盖当时尚有持异说以混正学者,师故云然。师既没,音容日远,吾党各以己见立说。学者稍见本体,即好为径超顿悟之说,无复有省身克己之功。谓'一见本体,超圣可以跂足',视师门诚意格物、为善去恶之旨,皆相鄙以为第二义。简略事为,言行无顾,甚者荡灭礼教,犹自以为得圣门之最上乘。噫!亦已过矣。自便径约,而不知已沦入佛氏寂灭之教,莫之觉也。古人立言,不过为学者示下学之功,而上达之机,待人自悟而有得,言语知解,非所及也。大学之教,自孟氏而后,不得其传者几千年矣。赖良知之明,千载一日,复大明于今日。兹未及一传,而纷错若此,又何望于后世耶?是篇邹子谦之尝附刻于《大学》古本,兹收录续编之首。使学者开卷读之,思吾师之教平易切实,而圣智神化之机固已跃然,不必更为别说,匪徒惑人,只以自误,无益也。"

(《王阳明全集》卷二十六)

附录六　王阳明《大学古本序》

《大学》之要,诚意而已矣。诚意之功,格物而已矣。诚意之极,止至善而已矣。止至善之则,致知而已矣。正心,复其体也;修身,著其用也。以言乎己,谓之明德;以言乎人,谓之亲民;以言乎天地之间,则备矣。是故至善也者,心之本体也。动而后有不善,而本体之知,未尝不知也。意者,其动也。物者,其事也。

至其本体之知,而动无不善。然非即其事而格之,则亦无以致其知。故致知者,诚意之本也。格物者,致知之实也。物格则知致意诚,而有以复其本体,是之谓止至善。圣人惧人之求之于外也,而反覆其辞。旧本析而圣人之意亡矣。是故不务于诚意而徒以格物者,谓之支;不事于格物而徒以诚意者,谓之虚;不本于致知而徒以格物诚意者,谓之妄。支与虚与妄,其于至善也远矣。合之以敬而益缀,补之以传而益离。吾惧学之日远于至善也,去分章而复旧本,傍为之什,以引其义。庶几复见圣人之心,而求之者有其要。噫!乃若致知,则存乎心;悟致知焉,尽矣。

(《王阳明全集》卷三十二)

附录七　王夫之《大学训义》(节选)

古者大学之法,所以立教者备矣,而夫子取其旨趣而著明之,使学者知所以入德也。谓夫大学者,所以教人修己治人而成大人之德业者也。乃不得其要归之所在,则无以知其详而有其要也;不察其次序之所循,则无以知其博而该以约也。故从其要归而言之,则不可不知其道之所在矣。

其以外观于事物,内尽其修能,将以何为也?盖以明明德也。人之所得于天者德也,而其虚而无欲,灵而通理,有恒而不昧者则明德也。但形气累之,物欲蔽之,而或致失其本明。大学之道,则所以复吾性具知之理,以晓然于善而远于恶,而勿使有所累、有所蔽也。

其以内求于吾身,外尽乎物理,将以何为也?盖以新民也。人之受吾治者民也,而其望吾之恩、待吾之教、从吾之好尚者,皆我所宜与以新之民也。但治之失宜,教之无本,则(必且)相习于污染。大学之道,则所以推斯民观化之原,革其非心而生其善气,而教日隆,治日美也。

乃其明德之学,无一理之不求明,无一念之不求审,无一事之不求当;其新民之学,责之己者必备,用其情者必正,立之教者必顺;将以何为也哉?盖以止于至善也。盖德之明,民之新,善也。而德之明必全乎性之善,民之新必底于化之成,明新合一而极乎内圣外王之理者,则至善也。苟限于小善,移于异教,而致悖其全体。大学之道,则所以该吾善必尽之功,全于在躬,而偏于天下,勿使有所限、有所移也。

知斯三者为大学之纲领，则凡从事于学者，诚不容不勉尽其所(当)为者矣。

乃德之不容不明，民之不容不新，固学者之所必从事矣，然当为学之始，方在未明而求明、未能新而求所以新之时，则抑且渐进而学之，而何以必求夫至善而止焉？将无示学者以所难也哉？夫至善诚未易止也，吾亦非谓学焉而即能得所止也，然而不可不知有至善而思止之也。盖始之所求者小成之美，则终不知至善之当止而终身无可成之德业矣。今且使学者知明德新民之必止乎至善，而后可谓之明，可谓之新。则所以内治其为学之志者，必无所旁分于一曲之理、异端之教，而志向定于明新之大者矣，则"知止而后有定"也。夫既定矣，则当未有事之时，坚守吾道而不旁分；即当有所感之际，外诱相尝而自不妄动；则"定而后能静"也。夫既静矣，则事物不足以动我之情志，而一于善之至；即或事物之(授我以)危疑，而自守其至善之止；"静而后能安"也。夫惟不能安，而外境之顺逆乱之，则意且以疑而昏。苟能安矣，无所处而不知至善之不可离，则心志澄而条理出，不能虑乎？夫惟不能虑，而善中之变化违之，则理以未详而失。苟能虑矣，择乎善而得其必至之理于己，则至道备而至德凝，然乎可以得所止矣。然则始之必欲知止者，所以预正其得止之趋向，而无本之学、不全之理不足以惑之；而后之能得者，乃能得其所知之止焉。"大学之道在止于至善"，岂于方学之日早与以难几之理、而疑于非可骤图也乎？

由此言之，则(既)(欲)与大学之道相近而不相背者可知矣。夫待我之修、待我之治者皆物也，而吾修之、治之之方皆事也。天下之物，有其本则必生其末，而凡其末皆依其本；则所新者民也，所以新民者吾之德也。德明而后教之本立，治之理得，本末昭然矣。凡人之事，于其始必念其终，及其终皆如其始，则所学者德之无不明，民之无不新也，而所以能至于明新之极者，知至善之必至于是而不可迁也。知止而后规模以立，学术以察，终始相因矣。

夫末生于本，则先立其本而后末可通焉；始必念其终，则先正其始而后可大其终焉；学者先后之序可知矣。其有能知所先后者乎？不以明德之功为约，新民之功为博，而疑学问之不可以该事功；不以能得之效有待，知止之功已迫，而疑小(成)之可进而求大德；则其于学也，为之有序而立之有基，其于大学之道，不致相远，而无难知难行矣。

夫既知大学之道之所在，则规之也大而务之也专，所谓详而有要者，要归不迷矣。而三者之事相因而成，则其条目之次序又有可言者。大学之道，以教天下之学者，而古之人先已学焉而备其道矣。古之人知明德为新民之本，则明明德而德自遍及于天下也。天下皆有其明德，而吾必以吾之明德明之也。明明德于天下，而后善无不至焉。古之人所立志以尽道，诚有然者。顾天下大矣，分之为九州，建之为万国，使之向化维新而得其均平之理，亦有道矣。而王者畿内之千里，则王者所自治也。一国之财所以理，即天下之财所以理也；一国之人所以用，即天下之人所以用也。修君德以正一国之好恶，天下无异道焉。先治其国而后建诸侯，一道同风之事，可相因而行焉。乃欲治其国，而国之人安其政，必先顺其教，国大而未易教也，则古之人以家为国之本矣。教立则一家之中亲疏贤愚，皆整齐以从吾之匡正，而后教可达于国也，则政亦可行于国也。乃欲齐其家，而家之人率其教，必得其情；家人各有其情，而惟吾之情是视也，则古之人以身为家之本矣。情正则吾身所行，厚薄喜怒皆中节以尽道之（自）（当）然，而后情可宜于家也，则教亦可成于家也。夫自天下而国，自国而家，自家而身，其本末昭然。唯先其本以治其末，则本得而末自理，此明德新民自然之先后，而古人知之审矣。

若夫修身者，修其言使无过言焉，修其行使无过行焉，修其动使无过动焉，盖责之躬者备矣。而古之欲修其身者，则以为及其发而制之，有不胜制者矣。吾立身之始，有为身之主者心也。当物之未感，身之未应，而执持吾志，使一守其正而不随情感以迷，则所以修身之理，立之有素矣。乃心，素定者也，而心与物感之始，念忽以兴，则意是也。静而不失其正，动而或生其妄，则妄之已成，而心亦随之以邪矣。古之欲正其心者，必先于动意有为之几，皆诚于善，而无一念之不善夺其本心焉。乃意者忽发者也，而意所未发之始，几可素审，则知是已。发而乍欲其善，豫未有以知其不善，则著之不明，而意亦惑于所从出矣。古之欲诚其意者，必先于善恶可知之理力致其辨，而无一理之不明，引意以妄焉。

夫致知，则意知所诚，心知所正，身知所修矣。此大学始事之急图也。而古人之致知，非虚守此灵明之体而求白也，非一任吾聪明之发而自信也，以为凡吾之理皆一因乎万物固然之理，则物物有当然之则；凡天下之物接于吾身者,皆可求其得失顺逆之则,以寓吾善恶邪正之几,故有象可见,有形可据,有原委始终之可考,无不尽吾心以求格,则诗书礼乐之教,人官物曲之事,皆必察焉,而大学之为学,于斯焉极矣。此学之始事必于格物,而详略大小精粗得失无不曲尽,故足以为身心意知之益而通乎天下国家之理。始终之次序,安可忽哉!

夫自身而心,而意,而知,以极乎物,莫不极致其功,而知格物之为大始,则详于求格者,知至善之必于此而备也,于是而格之功已深,则物可得而格矣。物之既格,吾之所以处夫万物者,皆一因于理:而如是则善,不如是则不善,知无不至矣。知之既至,吾之所以择夫善恶者,皆明辨其几,而无疑于善,无疑于不善,意无不诚矣。意之既诚,吾之动乎几微者皆一如其志而纯一于善,不摇于不善,心无不正矣。心之既正,吾之所以发为(行动言)(言动)者,皆根心以行,而为之有本,持之有主,身无不修矣。夫自格物以至于修身,内外交尽而初终一致,非明德之至善者乎?而必有其始,乃有其终,其先后不可诬矣。

由是其修身之功备,而身无不修焉,则好恶正而情通于家,教乃可行而家齐矣。齐家之道得,而家无不齐焉,则仁让兴而化行于国,政乃可举而国治矣。治国之法立,而国无不治,则政教隆而理达于天下,化乃可广而天下平矣。自家而国,而天下,为之有本而推之自通,明德广孚而化行俗美,岂非新民之至善者乎?而必有其本,乃有其末,其先后益不可紊矣。

故古之大人,于格致不厌其详焉,于诚正不畏其严焉。施之于天下国家者,皆以吾格致诚正之修,得其理而顺应之,其为学之功有如此。

而以其要言之,则格致诚正,所以修身也;齐治平,则修身以齐之治之平之也。是故自天子之元子以至于凡民之俊秀,皆入大学,而其教同也,其学同也,则其本同也:修身而已矣。盖求详于格致者,知明新之理,大无不备而小无可略,故求详于始,而以修身为成德之终;推及于天下者,则本明德以新民之道,化以之行而道以之广,故急图其本,而惟修身为力学之先。藉其不然,本末无序,而急求之天下国家,则不修之身,端居万民之上,而徒施其政教,其本乱矣,乃欲末之治也,否矣。

夫家较国与天下而近者,所当厚者也,必尽吾情理以齐之者也。薄于其家而唯吾之好恶是徇焉,乃欲施于国天下与我疏远者而厚致其治教之宜,则未之有也。国与天下且不能不待于家,而况身为万事之本乎!则古人明明德于天下,其次序之必循有如此者。故大学之教,有要归焉,极乎详而有要也;有次序焉,极乎博以反约也。于方学之日,已取天下国家之理,而修之于渊默,必致格致诚正之功而密用其涵养。有志于大人之学者,其尚循此道以自勉乎!

右经一章,盖孔子之言,而曾子述之。其传十章,则曾子之意,而门人记之也。旧本颇有错简,今因程子所定,而更考经文,别为次序如左。

(《大学训义》卷一)